五個步驟解除身心受困的枷鎖，打造健康的靈魂系統，完成你今生要學習的課題

靈魂契約

SOUL CONTRACTS

丹妮爾・麥金農 ——著
謝佳真 ——譯

目次

第5章

整頓你的的靈魂——步驟一：打造你的靈魂地基

103

我們散發什麼樣的能量，就會吸引來什麼樣的能量；這些能量組成我們的靈魂團隊。但是大部分人都有幾位悄悄溜進我們指導靈團隊的指導靈。祂們不是指導靈團隊的正式成員，而是在我們面臨關卡、憤怒、沮喪、傷心的時刻來到。因此，升級你的指導靈團隊，便是靈魂最重要的事。

第6章

整頓你的的靈魂——步驟二：啟動你的覺知（上）

137

你想知道，你是否有簽下了靈魂契約嗎？跟著本書的四個方法，從不同的角度檢視你的人生，把那些卡住你人生的靈魂契約一一揪出來。透過練習，發覺出你的障礙，也為你鬆動阻滯不通的靈魂系統。

獻給我的先生（凱文）和兒子（柯爾），

我全心全意愛著你們！

— 作者序 —

動物們帶領我進門

那個週六，我疲憊地走出健身房，心情低落，苦惱著我的小狗狗貝拉生病了，卻沒人可以找出真正的病因。當我望著停車場找著我的車，突然間看到我的朋友辛蒂。她是隨時臉上掛著燦爛笑容的那種人，儘管當時我的意志消沉，卻沾染到她的愉悅。這似乎是一個徵兆：就在我迫切需要重拾歡顏的時刻，而她出現在我的面前。

我們在停車場閒話家常，我提到自己近日如何的沮喪，我的小狗狗貝拉已經在動物醫院度過四個夜晚了。辛蒂瞭解我愛動物的心。我說著說著抽抽噎噎了起來，她拍拍我的肩膀。一想到狗狗貝拉痛苦地躺在籠子裡的模樣，我就心疼。冷不防地，辛蒂臉色一亮，她說：「對了！怎麼不帶牠去找動物通靈師看看？」

我們都料不到這句話將在我的人生掀起滔天巨浪。從小，我就極度敏感，與動物界有深厚的連結。想當年我曾經告訴母親，我養的三十二隻毛毛蟲心裡在想些什麼，我都一清二楚。我感覺得到我養的那隻天竺鼠的心情。我也知道別人的思緒或感受。我還沒走進房間裡，就知道待在裡面的人心情是喜還是怒。我母親對直覺、能量、通靈能力，完全一無所知，於是我被貼上「神經過敏」的標籤。她帶著我四處求醫，遍訪了心理治療師等等的各路人馬，想幫助我自在地接受自己。

但是，問題不在於我不能坦然地接受「自己」；我是不能坦然地接受這個世界。我的直覺感官接收到豐沛的資訊，卻沒有傾訴的對象。久而久之，我就以為自己陰陽怪氣、異於常人。每次我對通靈或直覺之類的事情展現興趣，母親便會架著我往其他方向前進，她自認為這樣是在保護我。但是當年我要是正眼看待我敏銳的天賦，說不定我的愁悶反而會一掃而空呢！

因此，當辛蒂推薦我一位寵物通靈師的時候，我彷彿聽到了警報解除的聲音，總算可以自由探索直覺與通靈感應的世界了。我匆匆地趕回家，立刻預約。

隔天早上，我和我先生凱文忐忑又興奮地帶著狗狗貝拉北上到新罕布夏，抵達一間位於納舒厄的飯店。凱文陪著鬱悶又痛苦的狗狗留在車上，而我差不多是用拔腿狂奔的速度，來到那位寵物通靈師的辦公室。當我見到通靈師布魯斯的時候，我嚇到了。他看來非常的正常。倒不是說我認定他一定就要綁頭巾、戴一堆戒指、畫眼線之類的，但是我以為他的外表總會有哪裡有些不一樣、或者說另類。這位通靈師看起來就跟常人一樣無異樣，他就像一位電腦程式設計師、工程師，或資料處理員。

我帶著布魯斯來到停車場時，他請我先一個字都不要透露。我生病的狗寶寶坐在車內一動也不動。我打開車門的時候，牠沒有吠叫，沒有試圖跳下車，也沒有哼哼唧唧。牠直視著布魯斯。一開始，我以為牠那麼沉默、安分是因為病痛的關係，但是直到我看到牠和布魯斯的互動，才明白不是那麼一回事。

幾分鐘之後，布魯斯轉頭對我說：「牠說牠不舒服。」

「我相信牠一定不舒服。但是牠為什麼不舒服？」

「牠說，牠不舒服是因為妳跟妳先生最近一直吵架。」布魯斯停頓了一下，接著說：「你們為了母親而吵架。」

我錯愕到了極點。他說的沒錯，我們為了何時去探望我婆婆而僵持不下，長達一星期之久。那陣子我們太常出遠門了，所以我抵死也不願意再次離家，但是凱文不這麼想。於是，我們沒完沒了的爭執愈演愈烈，吵到都忘了為何而吵。布魯斯接著說，我們的口角讓狗狗貝拉很焦慮。牠在心煩意亂之下，翻了垃圾桶將三根玉米梗吞吃下肚，但是玉米梗即將排泄出來，不會有大礙。他說了很多事，每件事都深深地震撼了我。我感覺到內心有某個東西正在轉變。

截至那一刻為止，我都過著典型企管碩士的生活。我有一份好的行銷工作，早上起床就去健身房，白天當專案經理，六點回到家裡和先生共進晚餐、看看電視、上床就寢。天天過著千篇一律的生活，我一點都不快樂。每次一走進辦公大樓，我的靈魂就死掉了一點點。我先生和我常常說要搬回加州，住在濱海地區，不然就減少工作量，這樣我才能偷閒寫書，但是這些點子全部都不討我們的歡心。我們兩個都茫茫然。該怎麼做，我們才能幸福呢？或者至少感覺充實一點？

當布魯斯對我說出「母親」一詞，那就是轉捩點。我的靈魂深處一個開關打開了。其實這是一個「路障契約」，路障契約的作用就是絆倒我，好讓我返回真正該走的人生道途。（我們在後文會介紹路障契約。）我當下了然於心，在別人的公司擔任專案經理不是我該走的路，我應該為人類和動物效勞。我覺悟到專案管理的人生完全不可行。我接受了自己的通靈能力，準備開始大展身手。

隨後幾週，我去上了動物溝通課。我體驗到自己的直覺能力，認真地練習。原來，我的靈通功夫不是蓋的！我對整個人生的熱血程度上升了。我夢想告別了企業界，去為動物服務；上課沒一個月，我便兼差做起動物溝通。但是，我還沒準備好徹底捨棄「像樣的工作」的安逸感，所以只在傍晚和週末為客戶服務。

儘管經營我的新公司很容易，我卻不能真心樂在其中。我擔心熟人會發現我在忙些什麼。我可是拋棄了主流的價值觀，走進高風險的事業；懂我或支持我的人並不多。一想到我母親不曉得會怎麼說，我就怕得不得了。我發出第一封通知信之後（多達二十二個人的電郵清單！），母親打電話給我。她說：「丹妮爾，妳不會把那玩意兒也寄給別人看吧？」有一位家族成員來參加了一場我的活動，事後他對我說：「小丹，我不曉得該怎麼跟別人說妳的職業。」我為了圓夢而採取的每一個行動，都讓我漸漸地脫離家人為我規劃的人生，也就是做個叱吒商業界的頂尖人物。

果然不出我所料，一開始，新工作一帆風順。下班回家之後，我便做動物溝通個案。預約的人類和動物客戶大部分以電話諮詢，沒有見面。我將時間花在詢問動物是否喜歡牠們的床、是否需要更常去散步、想不想變換菜色、有沒有弄傷自己等等。轉眼間，動物們開始提一個主題——一個給我的宏大計劃。我唯一能做的就是不要抗拒、結束生意、尖叫著逃回白領世界。

第一次發生的時候，我是為一隻愛情鳥和牠的人類夥伴湯姆服務。湯姆向我求助是因為他的鳥拉瑞不斷地拔自己的羽毛。我按照慣例和拉瑞建立心電感應。我試著用我的標準提問問拉瑞：「你生病了嗎？」、「你對什麼東西過敏嗎？」、「你對生活環境有不滿的地方嗎？」起初，拉瑞語焉不詳，聽得我一頭霧水。最後，我（在腦海）聽到牠說：「那是因為我和湯姆訂了靈魂契約。」當時我不明白牠說的話，但是不久之後有了答案。在後續的其他個案中，其他的動物也和我談論了牠們與人類夥伴的靈魂契約。這些動物費了一番脣舌，因為我對靈魂契約一無所知；我還以為靈魂契約可能涉及靈魂伴侶。（並沒有！）

這些動物告訴我豐沛的資訊。我得知每一隻動物在出生前便和他們的人類夥伴訂立協議，協助這些人進化。我得知動物會犧牲自己的舒適、安全、身體、福祉，以協助他們的人類夥伴學習靈魂的功課。而知道此事的人類仍然不多。

當時的我想學這些東西嗎？我想成為傳遞這份訊息的使者嗎？違逆家人的期許、當起動物溝通師已經讓我疲於奔命了，這會兒居然還收到強力的訊息，要我將工作提高一個檔次。我怎麼做呢？我拖拖拉拉，哀號埋怨，舉棋不定。我不想一馬當先，為世人奉上看待世事的新觀點。為什麼我不能就只是當一個平凡又普通的動物溝通師就好了呢？

但是動物對我另有打算。有一位女士請我幫助她的吉娃娃赫蘇。這隻狗狗老是對著廚房的盆栽尿尿，實在非常惱人。尿味、盆栽快枯死了、赫蘇似乎缺乏居家訓練，這些行為在在令赫蘇的兩位人類夥伴（夫妻）怒火中燒。

想不到，就是這隻六磅重的吉娃娃終於讓我接受了我的人生新方向。我和牠建立能量連結，然後我以幾個問題開場：「你的膀胱還好嗎？」「你知道應該到哪裡上廁所吧？」但是赫蘇的答覆含糊不清。最後，當我提起廚房的盆栽拿到牠面前，赫蘇便和盤托出。牠說牠很清楚到哪裡可以上一號、哪裡不能，但是牠和牠的人類夥伴訂過靈魂契約。牠必須協助她學會照顧自己。然後牠告訴我，只有牠的女性人類夥伴被丈夫毆打的時候，牠才會對著盆栽小解。

我愣住了。想不到我會聽到這種答覆，這也不是我想聽到的。其實，這些新資訊讓我處境尷尬；我不好意思說出我收到的資訊。我問赫蘇我該怎麼做。牠要我告訴她，有時候廚房裡的能量會變得「猛烈又吵鬧」，只有在那種時候，牠才會在不適當的地點撒尿。牠要我告訴她，等她採取行動脫離這種情況、好好的照顧自己，牠就不會繼續尿在盆栽上。牠還說，牠尿在盆栽的頻率會隨著她的進步而下降。我直接引用赫蘇的話，而牠的人類夥伴把話聽進去了。不只如此，我終於領悟了動物們反覆為我解說的道理。

做完赫蘇的個案，我便心悅誠服。動物帶領我走上一條出乎意料的道路，放棄我原訂計劃的時候已經到了。有一小段時間，這條新的路走起來四平八穩。某人會帶著狗、貓、天竺鼠或其他動物上門；動物說明自己的困擾跟牠們的人類夥伴之間的關係，以及如何協助他們。我終於開始感到自在了。

但是旅程才剛剛開始！不久之後，我的工作繁忙起來。遍及全美各地的客戶來體驗我獨特的動物連結方式。我感到振奮不已！我喜歡做動物靈魂契約的個案，現在我明白了這是我在人間的人生目的。好不容易走上自己天命的滋味，真是美妙極了。

幾個月之後，我發現做動物靈魂契約個案的時候，我很難只為動物工作。例如，有隻狗狗告訴我，牠拒絕進食是在映照人類夥伴疏於照顧自己。狗狗請我和牠的人類夥伴談談，教導人類夥伴好好的照顧自己，並且找出導致他這種行為的靈魂契約。另一次，我與一匹不肯左轉的馬連結。牠說，牠是故意害人類夥伴出糗的，因為牠的人類夥伴太在意別人的想法。有了我的幫忙，馬兒的人類夥伴便能打破需要外界肯定的靈魂契約。

我覺得暈頭轉向。我只想守著新的舒適圈，工作的時候，卻怎麼做都做不到。後來，有時我開工的時候做的是與動物連結，結束的時候卻完全在輔導人類。我處理靈魂契約的經驗不斷地成長，不久之後，就有人替自己預約，而不請我輔導他們的寵物。我的人類客戶飽受靈魂契約造成的障礙所苦，需要化解障礙的直觀引導。

我慢慢地接受下一個新方向：為動物和人類解讀靈魂契約。目睹了許多客戶的成功故事之後，我環顧自助產業，察覺自己已然是靈魂契約領域的一位專家了。我甚至沒想過以此為目標！動物們，謝啦！

身為（人類及動物）靈魂契約顧問，我的事業真的開始起飛了。通靈師約翰・何藍（John Holland）請我為他的狗狗柯達通靈。在這次通靈中，他得知了關於個人的訊息以及他在哪些方面受到阻礙。他佩服到在他的《靈魂傳訊人》（*Spirit Whisperer*）一書中，記述這次的通靈經驗。後來，通靈師調查員鮑伯・奧森（Bob Olson）將我列入他的最佳通靈師名單。我開始與世界各地的人類及動物客戶合作，將重心放在靈魂契約上，協助客戶展現最佳的狀態。

自從我將靈魂契約工作當成分內事，我的體驗式教育（從做個案中學習）便持續不輟。我在通靈解讀裡融入了更多關於靈魂契約以及其深層能量的資訊。我由衷地感激狗狗貝拉帶給我恍然大悟的一刻，讓我找到自己真正的天命，我希望分享這份知識，嘉惠能夠從中受益的人。比如，你。

一 簡 介 一

打造健康的靈魂系統

這世界上，許多看不見、且意識不到的能量，每天都在影響著你。因而讓你有特定的舉止、特定的思維、對自己抱持著特定的看法，而這些能量就是你的靈魂契約，是你靈魂系統的一部分。這些思想模式、感受、信念蒙蔽了你，阻礙了你發掘自己的本色。因此，你活不出你想要的人生、得不到引頸企盼的感情、找不到你渴求的成功……同時靈魂契約給你一張美麗的詳細地圖，供你研究如何前往你想去的地方。那些阻撓你如願以償的種種障礙，其實為你指出如何重拾自由身的路徑。

想像著你開車上高速公路，經過一塊「前方道路施工」的警告標誌。現在你收到了警告，就能為即將降臨的挑戰做準備，評估你的選項，做必要的調整。你可以選擇繞過施工路段、換一條路走、甚至掉頭，往反方向前進。一旦你知道有障礙（以及是什麼障礙），應付起來便輕鬆許多。

問題是我們可能會誤解警告的標誌，或者根本沒看到。比如，想像你經過那個警告標誌時，剛好把頭轉到其他方向。也許你認為這塊警告標誌的意思是此路不通，但其實不是。現在很多人看到警告標誌，就心想：唉，人生本來就是這樣。前面有障礙，我也只能接受現實。人生就是這樣，我就是沒有那種命。這才是真正的問題。我們開始以為自己殘缺不全、動彈不得、不值得、無法被愛。許多人將那些障礙視為自己的一部分，渾然沒有自覺地在扯自己的後腿。

除了你，沒有人能讓你突破障礙。你前方的障礙是為你而存在，準備讓你一個人跨越，每個障礙都是你的靈魂需要在這一世學會的功課。我們如何認出這些道路標誌，認出來了又該如何解讀呢？你可以從認識你的靈魂系統起步。

整頓靈魂系統的益處

本書將這些不同的能量稱為：**靈魂契約**、**種子思想**、**混亂情緒**、**根源信念系統**。這些構成了你的靈魂系統，第一章會提供比較全面的定義。這些能量顯化為挑戰，形成看不見卻鋪天蓋地的障礙，阻撓你達成目標，或是讓你無法克制對自己充滿負面觀感。這些能量其實是學習人生的課題、達成目標的捷徑。但是，首先你得駕馭、並重新校正你的靈魂系統。與其為生活的挫敗而心情低落，不如轉念：現在你掌握了一條內線情報，明白了是什麼在阻擋你得到幸福、內心寧靜和成功。

想也知道，掌控你的靈魂系統可以讓你滿載而歸；然而眼前的功課可能令人怯步，因為你得在能量、心智、情緒、肉體、靈性各個層次下功夫，才能體驗到最大的釋放和前進的動力。這些能量障礙讓你幾乎諸事不順，從剪頭髮到與你的狗狗和睦相處！同時這些障礙是讓你展開驚人轉變的關鍵。我在這份工作中，見識過很多重拾自由的人，終於擺脫了不健康的感情關係、去創業、挺身面對母親、寫書、重返校園、找到一生的摯愛、相信自己、勇於為自己發聲、減重、致富、喜愛自己的身體等等。

當你終於接受自己事實上是何等的美麗、完整、純潔、良善，你將無所不能，不論目前為止你做過什麼決定。當你開始駕馭你的靈魂系統，你會釋放那些一再讓你落入「各執一詞」、「我不行」、「我不知道」的窠臼的限制。你會邁向能量、心靈合一，那是只有美、完美、體驗、愛的境界。如此探索自我的成果往往是有形的，說不定你會在四個月內賺到十萬美元，或者邂逅真愛。但是也有無形的收穫，也許你會前所未有的信任自己，或是和自己建立親密到不可思議的連結。不論你追求什麼都能如願，成果十之八九會比你想要的更豐碩。

當你致力於靈魂層次的調校工作，你的恐懼、擔憂、挫敗及其他剝奪你力量的情緒，都會降到最低，你將體驗到無條件的愛、身為人類的美好、屬於你本質的光芒。

為什麼別的方法一直行不通

許多自助技巧都化解不了源自靈魂層次的困擾，原因不出以下兩種。

第一，這些技巧要求你認定自己殘缺不全，再給你「修復」自己的工具。但是這種觀點背離真相十萬八千里。其實，你是完美的！是靈魂內的能量在干預你，讓你展現不出完整無缺的完美，但是本書會幫助你重新找到那份完美。

第二，許多自助技巧要人做表面功夫，只在行為層次努力，不涉及靈魂層次。只在行為層次改變生活的話，創造不出長久前進的動力。由於你只專注在改變行為，你不得不時時刻刻監督自己的一舉一動。但是當你改變靈魂層次的能量狀態，昔日的挑戰將不復存在。毋需反覆確認自己是否坦率吐露心聲，或者將自己放在第一位，這些會自然發生。本書協助你深入靈魂的層次，只有在那裡才能創造真正的改變。

坊間也有許多宣稱可以瞬間為你清除障礙的技術，或是可以立刻改善你人生的新工具。靈魂層次的調校工作不是權宜之計，不講瞬間見效，也不是讓別人給你答案，而是學會你生來就要知道的事，掃除蒙蔽你的一切障礙，讓你得以看見、感覺、相信、體驗自己真實不虛的完美。

我們天生有自我保護的傾向，因此不願重溫揪心的往事。沒人喜歡正視他們藏在內心的痛苦，但是揭開那份痛苦是探索靈魂系統的必經之路。你的旅程會帶你抵達前所未有的深度。或許你不會喜歡那些浮現的情緒，但是這麼做的效益，遠遠超過忍受一時的不適。你不斷地逃避的痛苦，就是導致你人生中各種阻礙的禍首。你必須處理那股隱藏的能量才能向前邁進，去體驗你個人的萬丈光芒。你必須做足內在的功課，才能發掘自己的光。

我聽過很多客戶描述他們長年累月都在設法跨越他們的障礙，卻依然達不到他們要的成果。大部分其他類型的作法與駕馭個人靈魂系統之間的差異，就在於我們會正視自己駭人的那一面。我們不會閃躲。你要相信，當你一步步地整頓你的靈魂契約，你會漸入佳境。你會享受到擺脫牽制你的障礙之後的那種自由痛快。

回顧你之前做過的努力（無論你的表現優或劣），將它視為你現在準備探索自我所需要的根基。以感恩和正向的思維看待昔日的進展。此外，當你認識、並駕馭靈魂系統的各個部分，回顧你以往跟隨其他老師、書籍、課程所進行的自我探索，或許你會有更多的收穫，或者更能心領神會。

打造健康的靈魂系統的五個步驟

在隨後的章節裡，我會詳細解釋這些步驟。我們會在開頭的前四章定義靈魂契約（以及靈魂系統的其他部分），建立入門的基礎。之後，就進入破解障礙的部分。

步驟一　打地基

在這個步驟，你會學習建立穩固、且清澈的個人能量。當你的靈魂系統逐步恢復健康，你會建立一流的決斷力。

步驟二 提高覺知

學習辨識靈魂系統中需要釋放的元件，那些剝奪你力量的靈魂契約和障礙。

步驟三 落實靈魂功課

這個步驟就是依據你一路上的領悟做不同的決定，遵循新的模式。

步驟四 駕馭自如

你會在這個步驟看到，當自己落實靈魂功課的時候，持續踏出的每一小步路，已經為你帶來全面的成功。

步驟五 釋放

最後，你會學到兩種釋放靈魂契約及種子思想的強效方法。

本書提供了各種練習、工具、範例，確保讓你能夠順利執行每一個步驟。記住，要深入探究，別顧著求快。也許你只花了幾小時就完成某個步驟，另一個步驟卻足足耗了一週或者更久的時間。你在探索一個步驟的時候，做得多徹底、多全面，將影響你在下一個步驟的進展，因此慢慢來！往往你會不自覺地開始做起下一個步驟的功課。這就表示你已準備好了。

本書用語

閱讀本書的時候，你手邊不需要擺一本字典，但是你最好記住幾個用語。例如，你會在全書中不時看到「百分百的聖光」一詞。我在工作的時候，是與振動頻率最高的能量與存有合作。對我來說，「百分百的聖光」就代表那樣的振動頻率。我們這個世界有許多不屬於百分百聖光的能量。不具備百分百聖光的能量，就不是完全來自本源的能量，無法讓你連結至高至善的福祉。只允許百分百的聖光與你合作，便能輕鬆又有效地禁止對你無益的低頻能量接近你。對於不是百分百聖光的能量，你只管將它視為負能量。沒有人想要和負能量合作。

也有一些時候，我會建議各位和自己的指導靈團隊合作。指導靈團隊是宇宙指派給你的一群靈性存有。祂們關注你、保護你、支持你，只要你請求，祂們便為你捎來資訊、指引與協助。指導靈團隊的成員清一色是不曾有過肉身的靈性存有，因此裡面不會有你過世的親人。如果指導靈團隊的概念牴觸你的信仰系統，儘管代換成其他你能接受的用語。例如，也許你想要召喚神、本源、天使。或許你對宇宙的人事組織毫無概念。這樣的話，與其召喚你的指導靈團隊，不如這個部分你就休息一會兒。

當我提到「宇宙」或「本源」，我的初衷是採用一個能夠囊括所有信仰系統的廣泛用語。也許各位的信仰系統，包括：上帝、阿拉、天使、女神或指導靈。你想用任何稱呼都可以，只要心誠意正，即可探索自己的靈魂課題。看到「宇宙」一詞，就表示你可以代換成任何符合你的信仰或你覺得順眼的名詞。

另一個用語是「混亂情緒」，亦即當你跟靈魂斷線的時候出現的負面情緒。

本書也會提到「前世」。前世是有趣的主題；每個人採信的說法似乎不盡相同。當我提到前世，我是指「轉世輪迴」，也就是一個人的靈魂多次轉世投胎，以尋求開悟。我有很多不相信前世或轉世的客戶，但是他們照樣能夠順利運作他們的靈魂系統。如果你相信的事物中不包括前世，就跳過涉及前世的段落。

探索靈魂系統唯一的困難點就是，你必須決心投入。一旦開始辨識你的模式，著手消融你淤塞的能量，你就會發現情況開始變得明朗，生活開始順遂。駕馭靈魂系統是探索自我的旅程。這是一場尋寶之旅，而那一箱黃金就是你內心的萬丈光芒與美。現在就以片刻時間立志探索你的靈魂系統，我們上路吧。

操作靈魂系統所需的裝備

你不需要多少裝備便能展開本書的探索旅程。首先，帶著對自己的開放態度到書桌前。滿載而歸的人，都是願意接受自己之所以面臨難關，或許另有其他原因的人。此外，本書認為你問題百出的責任在於你自己，是你的靈魂層次出了差錯。倒不是要你怪罪自己；無論如何，創造這些能量的人是你，既然是你創造的，便受你的宰制（謝天謝地）。

最後，你會想準備一本日誌或筆記，記錄你執行的每個步驟、以及讓靈魂系統回歸平衡期間的思維和感受。本書有幾個練習會請你寫下想法。如果你特地為此準備一本專用的日誌或筆記本，做練習的時候會比較容易（也比較保險）。

讓我們一起解除靈魂的枷鎖吧！

第1章 靈魂系統——燦爛人生的根基

靈魂是你內在那股美麗、燦爛且無意識的能量，與你相連卻難以名狀。我把靈魂想像成一顆金中透銀的巨大光球，在每一位人類的核心裡熠熠生輝。靈魂系統健康的人，是由靈魂主導你的決定、你對自己的觀感、你看待世界的角度。著手進行靈魂工作，便能與靈魂恢復全面連線，發掘自己的光，活出璀燦人生。

與靈魂重新接軌之後，你會明白：

你是安全的。

你值得快樂。

你備受喜愛。

你可以心滿意足。

你可以受到生命的激勵，過著生氣勃勃的生活。

每天起床時你都覺得熱愛生命。

你可以豐盛、富裕、受到支援。

你是美好、完整、健康的人。

當靈魂系統不健康，我們會向自己隱瞞這些事實，在不知不覺中拒絕讓自己得到真正的快樂和成功。健康的靈魂系統有三大部分：

一、你的靈魂。靈魂是你存在的本質，是你置身在人間的根基。

二、你與本源——宇宙的連結。將這個連結的管道清理乾淨，直覺便會與理智取得完美平衡。

三、一股鮮活的欲望，這股欲望協助你天天看見、感受、聽見、呼吸、體驗，並知道存在於我們每個人內心的無條件的愛。

構成健康靈魂系統的組件不多，因為它不複雜！在健康的靈魂系統下，取用你內在的光芒是很簡單的日常活動。當靈魂系統內出現一個或多個根源信念系統，便會喪

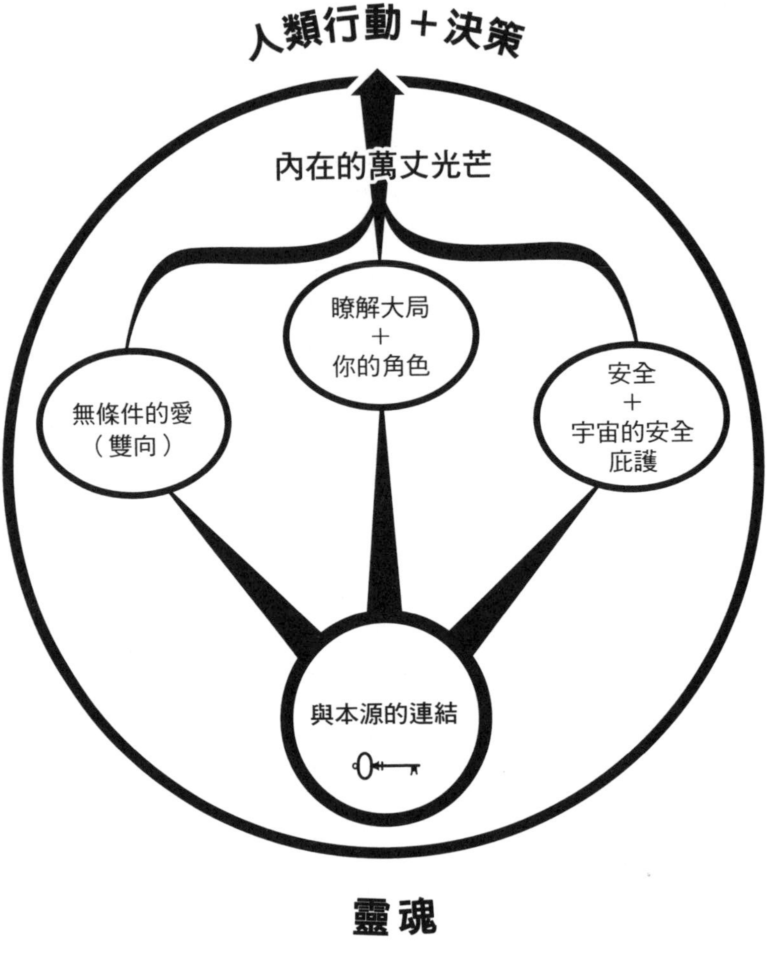

［圖一］健康的靈魂系統

失健康。只要靈魂系統內有了根源信念系統，便會堵塞你和靈魂的連結，阻礙你連結自己的璀燦本色。

於是，你淪落到汲取你根源信念系統內的虛妄信念。根源信念系統讓你難以相信自己的光輝。你必須卸除靈魂系統內的根源信念系統，靈魂系統才能重拾健康。根源信念系統導致不快樂、失敗、悲傷、抑鬱、憤怒、消極的模式，一再重演。

靈魂系統的妙處之一就是可塑性高，本書正是將這份可塑性納為已用。愛、恐懼、不安全感等強烈的情感，會在有意或無意間影響你的靈魂系統，但是決定嘗試最新流行的減肥法或者戒菸，並不會影響靈魂系統。這些都是在那個當下的表層日常活動，沒有觸動你的內心深處。因為只發生在表層，不會影響靈魂。

但是我們不時會遇到波折，於是會出現混亂情緒，諸如：恐懼、絕望、渴盼、抑鬱，甚至隨後衍生出對自己的錯誤信念，比如：自己不配。這種體驗可能會啟動內在靈魂層次的改變，你也可能因為覺得那配不上自己璀燦的靈魂本質，於是推這些想法

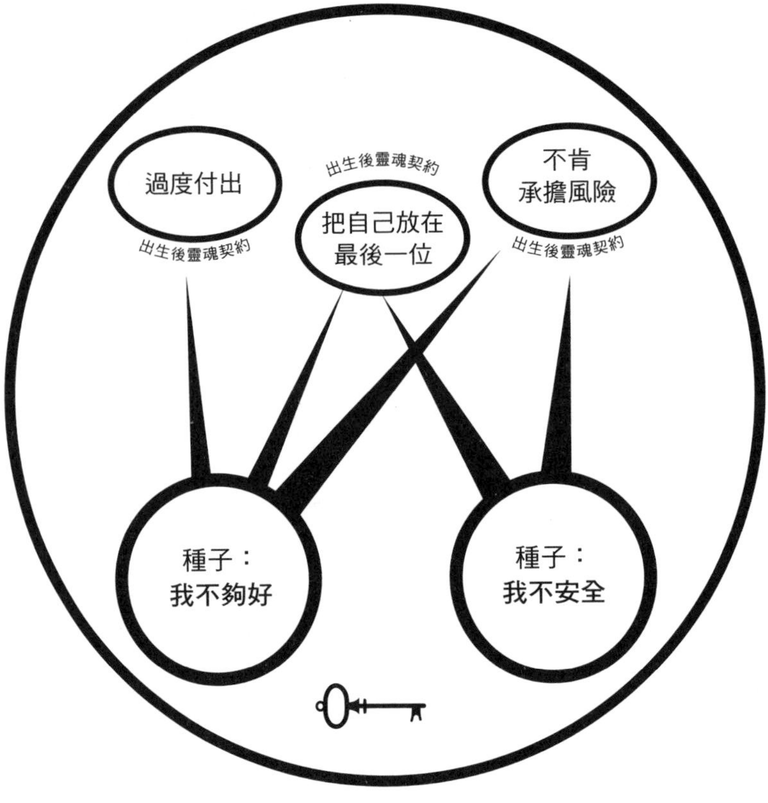

根源信念系統

［圖二］根源信念系統

及情緒。這時，最要緊的並不是你實際的遭遇，而是你在那當下如何、為什麼決定推開那些情緒和能量。當你閃躲或是埋藏這些靈魂層次的情緒，你便栽種了一枚種子思想，這也是日後根源信念系統的起源。

種子思想：錨定靈魂契約的能量

如果要落實我們可以被愛、心滿意足、值得美好的事物、由衷感到快樂的觀念，我們必須接受自己的光、自己的美、自己的光芒。很多人（其實可以說是：所有的人）都難以接受這個觀念。我們常因為某人說了或沒說的話、做了或沒做的事而傷心。但是我們沒有面對傷痛，選擇無視或逃避。比如，小時候，你可能聽到母親，說你姐姐是「聰明的孩子」，而說你一輩子都不會有出息。這句話造成了你的痛苦，但是你忽略痛苦，咬牙挺過去，你想繼續過你的日子。你沒有停下來探究自己的反應，也沒管母親說這種話的真正原因。你壓抑了這些負面的感受，不花時間去理解。

當你這麼做的時候，你其實是把那個想法或念頭埋進靈魂裡，你在創造種子思想。基本上你採信一個關於自己的負面想法（與相關的情緒），然後栽種在內心。多數人相信漠視負面的想法就能消弭它的力量，但真相是它立刻開始化膿。種子思想日漸成長，無疑就會開始左右你的生活、你的決定，以及你如何看待生活，看待自己。這種現象會頻頻發生，而且極其幽微，以致於我們不會意識到那些舊思維仍然在影響我們。

關於種子思想的運作模式，我們用四歲莎拉的例子來說明。

她父親因病住院已經兩年了。她母親日夜都在醫院照顧他。莎拉年紀夠大了，可以明白父親需要母親的照顧，但是同時她覺得自己被扔在一邊，備受冷落。她對愛的需求沒有得到滿足。她的反應是覺得自己不好、因為缺乏母親的關愛而失望，覺得遭到母親背叛。身為四歲的小朋友，莎拉不能斥責母親：「妳沒有照顧自己的孩子！我們也需要愛！妳是我們的母親，妳應該在家裡陪我們！」

假如莎拉是長大成人才遇到這件事，她的選項會比較多。她可以選擇和母親談談，或尋求朋友、情人的情感支援。假如莎拉有這種選擇，不是選擇無視自己缺乏愛，而是中和它，她在經歷這件事之後，只會留下對艱苦日子的記憶，而不是埋藏的負面信念。

身為兒童，莎拉還沒有挺身抗議母親行為的力量、世界觀、本事。她接受了母親的行徑，與隨之而來的負面情緒（混亂情緒）和想法：被遺棄、憤怒、失望、悲傷、寂寞。為了終止這些不愉快，她捱過這一段日子，莎拉將這些想法和情緒埋進靈魂內，創造了兩個種子思想：「我不夠好」以及「沒人會愛我」。莎拉認為如此便能保護自己，終結思念母親的痛苦和不愉快。她是對的，暫時是對的。她不會在近期內體驗到內心的痛苦，但是在不太久遠的未來，這些種子能量便會一而再、再而三地浮現出來。

當莎拉的人生逐漸開展，她會感受到這些種子思想及混亂情緒的效應。假如她在這些事件剛發生時就允許自己抑鬱沮喪，日後反而不會那麼痛苦。這是因為種子思想（又稱陰影、負面、靈體等等）是振動頻率特別負面的強烈能量。

莎拉的種子思想會被發射到她的世界內，並以體驗、決定、思維的形式反射回來給她。這些信念具備與這些種子相符的負面振動，最終導致莎拉締結靈魂契約。莎拉日後的經歷也會持續強化她被遺棄、憤怒、失望、寂寞、悲傷的模式，就跟她四歲的時候對母親的混亂情緒一樣。莎拉沒學會這些種子蘊含的功課，就永遠不能徹底擺脫這個系統的糾纏。

栽種一個種子思想，就如同將一個負面的外來振動，置入一個專門用來綻放內在光芒與璀璨的系統。健康的靈魂系統會散發與靈魂之美共振的頻率，不受憂愁、恐懼、怨恨的阻礙。負面陰影並不是靈魂系統內天生自然的元件。每次你栽種一個種子思想，你不僅以負面振動影響靈魂系統，也是在靈魂內留下一個標記，日後你必須回頭處理這些東西，才能發掘、並體現你內在的正向心態以及光華。

靈魂系統是你最敏銳的儀器兼盟友。即使是最少量的鮮血，遠在三浬外的大白鯊便偵測得到，而靈魂系統的敏銳度更是遙遙領先大白鯊。遇到痛苦時，潛意識會想：把它藏起來好了。但是當你埋藏的痛苦進入靈魂，靈魂系統便開始與痛苦同化。這下子，你的言行和思維全都包含種子思想的痛苦振動。例如，如果你埋藏「我不夠好」的念頭所引發的痛苦，你猜猜會怎樣？從那一刻起，你的一舉一動都會反映出「我不夠好」的振動頻率。你不是受它影響，就是做出反應。比如，你和高中男友交往，或許是因為你打從心底認為自己配不上好男人。或者，如果你在對抗自己的種子思想，你選擇這位男友，是為了證明自己「配得上」像他那樣的人。

這個種子思想鑽進你生活的各個層面，糅塑你的個性、擇友、影響你的職涯、主宰你的感情。長此以往，你便與靈魂的萬丈光芒斷絕了連線，轉而去相信種子思想的謊言。

埋藏的想法和情緒就像滴落在池塘表面的水滴。每一滴都引發向外擴散的漣漪。

種子思想就以這種形式影響你的系統。你聽從種子思想也好，抗拒也罷，你的每個選擇和行動，都會包含「不夠好」和「怕失敗」的成分。即使你達成每一個目標、商場或情場得意、得獎，最初的種子思想仍持續引發讓你不愉快的感受和想法。脫身之道是走向內心；找出隱匿的痛苦種子能量，從中學習，予以釋放。一旦做到，便會開始領略到自己的完美，那個你一直想要、卻始終不信自己擁有的完美。

種子思想及其衍生的混亂情緒，就構成擋在你和靈魂之間的能量盾牌。這面盾牌裡的種子思想、混亂情緒、靈魂契約愈多，你愈難親炙靈魂的美。結果你不是透過光芒萬丈的靈魂體驗人生，感覺快樂、完整、安全、正向，反而隔著這面能量盾牌在過日子。這面盾牌會強化你的恐懼、混亂情緒、對自己的虛假信念。你會覺得負擔沉重、不快樂，因為你沒有連結到自己的靈魂。

此外，一旦每顆種子植入靈魂，就開始向你的身體、心智、環境傳遞它的訊息。你心裡有數。這種振動極其細微，你不會意識到自己被健康靈魂以外的東西宰制；由於物以類聚，你會有大量重新體驗那個種子思想的機會。這枚種子會吸引相符的體驗來到你的生活中。

回到莎拉的例子，小時候母親不在她身邊。即使莎拉以為自己克服了自己不如他人的情緒，以為自己不再受苦，她依然受到影響。她體驗到吻合種子思想的想法、情緒、事件、人。因此，莎拉仍覺得自己有所不足。即使她在世人面前不但夠好，根本是好到了極點，她的種子思想照樣讓她極難相信自己夠好。

莎拉仍不明白自己為何覺得自己不夠好。她認為自己令人失望。這些體驗持續創造負面的感受，直到有朝一日，莎拉說：「我要不計代價證明自己夠棒！」

反覆體驗到種子思想的莎拉，就是在這極度挫敗的一刻，建構出不健康靈魂系統的下一個元件：靈魂契約。她立下的契約說，她會傾力證明自己值得被愛，不計代價。現在莎拉有一個讓她覺得自己不夠好的種子思想，外加一份靈魂契約，說她必須證明自己真的夠好，不計一切。不難看出，這下子莎拉的麻煩更大了。

所以說，**種子思想是被埋進靈魂內、省得必須面對的念頭（或者說能量）。這個種子思想在他們的靈魂內振動，開始吸引相符的負面體驗、人、事件。一旦這個人受夠了這些負面體驗，就會為了控制這股負能量而訂立條約、誓約、契約、協議，以抵消種子思想。這些就是靈魂契約。**

靈魂契約

靈魂契約是機緣成熟的產物，所有的要件必須在恰恰好的時機湊齊。種子思想的能量必須強烈到推動你締結靈魂契約，而不僅僅只是改變你的行為。如果莎拉曾向朋友訴苦，她便不會陷入消極又絕望的心境，而這正是產生靈魂契約的完美心境。你必須要有極深層的憤怒和挫敗，同時至少要有一個潛藏的種子思想，才能訂立靈魂契約。畢竟，只有在必須反制種子思想的時候，靈魂契約才有存在的必要。

只有領悟到自己永遠做不到靈魂契約的規定，靈魂契約才能解除。這是死路一條

的合約：你能採取的最佳行動就是瞭解當初建立契約的原因。

任何靈魂契約都不能幫助莎拉向自己證明她已經夠好了。即使她上哈佛大學、取得企管碩士學位、賺到數百萬美元、擁有愛她的丈夫和兒女，她照樣永遠不相信自己夠好，只要她潛藏的種子思想，仍然將這份靈魂契約錨定在她的靈魂內就不行。

她得從另一個方向解決這個問題，也就是瞭解當初她覺得自己不夠好的原因，對症下藥。等莎拉終於做到這一點，便能開始釋放這項障礙，建立健康的靈魂系統。

正在學習靈魂契約的你，靈魂契約代表有待深入鑽研的生命領域：一份需要學習的功課。它指出你內心的哪個部分仍不相信自己的璀璨。它在揮動旗幟，向你指出你和內在光芒的連結是哪裡斷了線。靈魂契約會以無限多的方式牽制你，教你芒刺在背、阻礙你，激起你的恐懼或自認不如人。

唯一解除痛苦、突破阻礙的方法是，學習你仍然不懂的靈魂功課，得到領悟，然後落實在生命中。這時，你便能邁向幸福、平靜、自由、安全庇護、支持、開悟。一旦做到這一點，你會重新連結到你的靈魂、人生目的、熱忱。到時你會做到之前看似不可能的事，你終將活出自己身為完美的光之靈的本質。

當靈魂功課被置之不理，靈魂契約會變成更大的阻礙。或許你會一再經歷騷亂和痛苦的事件，好吸引你關注某個與靈魂失連的生命領域。這些契約常會引來在你生活中造成亂象、或衝突的人或事件（或是愛與歡笑，視你需要學習的功課而定）。

靈魂契約無所不在，卻不著痕跡，直到你知道如何尋找，到時便會昭然若揭。靈魂契約提供深層的指引，暗中逼你採用特定的思維和行為。

很多人自認為看透了靈魂契約，認為這些障礙無法改變。事實上，曾經有許多人請我協助他們接受自己的靈魂契約，放棄去理解、駕馭、釋放那些靈魂契約。我做個案的時候，常有人問我能不能立刻卸除他們的靈魂契約，不願做足基本功，辨識引發現況的種子思想。我會告訴他們，他們當初必然有建立靈魂契約的原因，因此必須學會相關的課題，才能恢復自由。

靈魂契約是進入你內心的特別通道。當你明白這些契約的用意，靈魂契約便能引導你，在生活中擁有一切你想要的寧靜、幸福、豐足、自由、熱情。

根源信念系統

多年前，我的靈魂契約工作剛起步時，我協助客戶發掘阻礙他們前進的主要契約。我們的合作從各種角度切入某一份契約，直到釋放契約為止。幾個月之後，客戶會回來找我，說：「我又卡住了。」我大惑不解。我探究問題的癥結，發現一件事：種子思想的重要性不亞於靈魂契約，只有瞭解這些構成要件如何結合成一個特定的根源信念系統，這樣每個致力破解靈魂契約的人才能大獲全勝。

建立靈魂契約的時候，你不知道自己出此下策是為了避免體驗到種子思想。你以為自己不過是盡力讓自己舒服一點。由於大家沒有察覺自己的種子思想，看不出建立靈魂契約的問題在於，它其實無法達成你的目標，因為它不會根除種子，只是暫時遮掩。靈魂契約讓你覺得自己好歹有一些控制權，只要你做了這個或達成那個，或避免自己有這種或那種感受，你就會平安無事。

當大家發現第一份靈魂契約不能帶來他們想要的結果，多數人會怎麼做呢？他們會訂立更多的靈魂契約，一切只為阻止一個種子思想浮現在他們的生活中。種子思想會觸發幾種混亂情緒，當你針對同一個種子思想建立好幾份靈魂契約，你便建立了一個強大的根源信念系統。（幸好，這股力量充滿謬誤，因為是建立在錯誤的信念之上）如果要重獲自由，就得解決根源信念系統的每個組成元件（種子思想、靈魂契約、混亂情緒）。別擔心——你將會學到解決之道。沒那麼難！

靈魂系統工作可能讓你一個頭兩個大，但是隨著你愈清愈深，直覺也會從旁協助。當你處理一個部分，根源信念系統的其餘部分便會浮現、挪移。**萬一你挖出不只一個根源信念系統，那不代表你比只有一個根源信念系統的人差勁。你不是殘破不**

堪，誰都不會是殘破的。你只是曾經決定隱藏自己的美、信念、璀璨，不讓自己看見，但是這些東西都完好如初。終於你走上解除封鎖的道路。

不健康的靈魂系統會有一個或多個根源信念系統（見下頁圖三）。每個根源信念系統都會阻礙你連結自己的靈魂，讓你相信唯有遵從根源信念系統的指揮，心情才會舒坦一些或成功。同樣地，想像根源信念系統是擋在你和靈魂之間的防護罩。當你經歷一件事，你不採取靈魂的觀點，卻聽從根源信念系統的話。

失衡的信念系統告訴你：

「你不安全，別那樣做。」

「等一下！你不夠厲害，你做不到！」

你會在本書學到如何剖析你的根源信念系統，掌握你需要學習的功課，落實你的新知識，釋放你的舊系統。我們的目標是協助你汲取自己內在的光華。

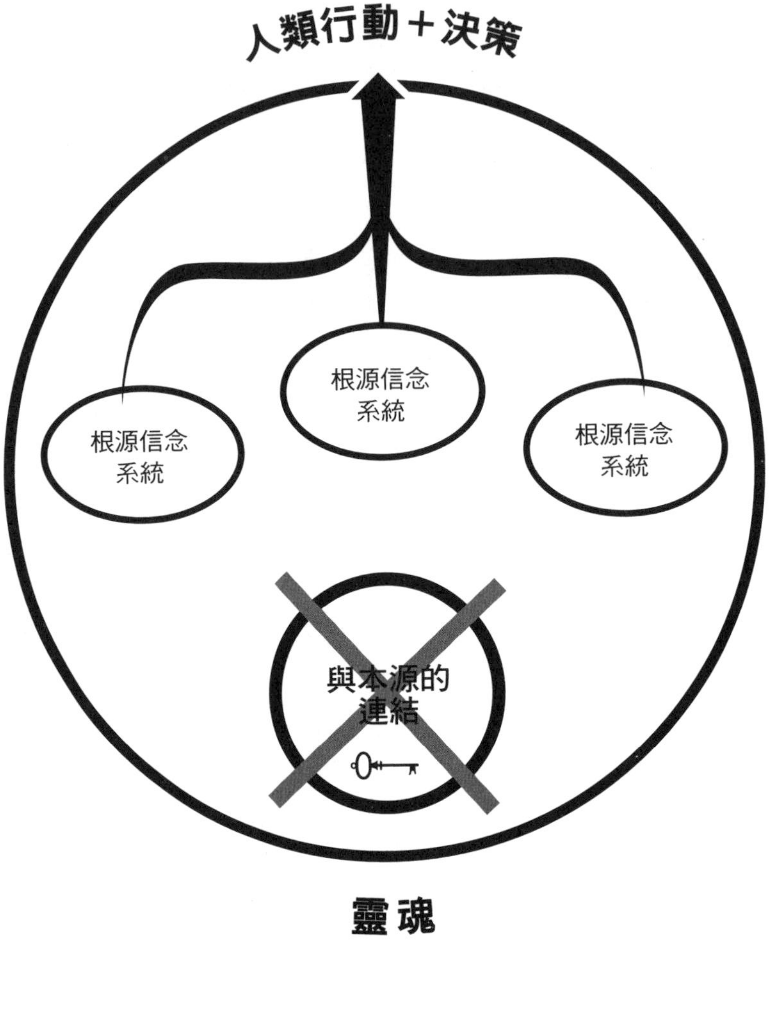

［圖三］不健康的靈魂系統

有時，構成靈魂系統的元件很小，不必鬧到雞飛狗跳，就夠你學習該做的功課了。但是萬一你沒學會，根源信念系統便會膨脹，靈魂契約隨之擴大，障礙也更巨大。這是為了逼你開始與靈魂系統合作。

當你精通了根源信念系統的各個元件，你的新知識會對整個系統帶來不同的影響。你每釋放一個障礙，都會召來正向的轉變。一旦卸除整個根源信念系統，你就能看見自己實實在在是怎樣的人，以及你因為這些根源信念而質疑的內在光華。最後，唯一重要的信念系統就是來自靈魂的信念系統，這個系統會告訴你，你、每個人、萬事萬物都是完美、耀眼、安全、完整的。

靈魂目標與靈魂契約

靈魂目標不屬於你的靈魂系統，也不是靈魂契約。我們來談談兩者的差異。

每個人都有出生前計劃，明訂這一生應該完成的事務。出生前計劃和靈魂契約不同。靈魂目標是你對人類意識的主要貢獻。這可能是教導別人慈悲一點、為不幸的人服務、創造偉大的藝術，以某些方式擔任榜樣。

你在出生前便將靈魂目標灌注到你的本質之中，你沒有踏上實現靈魂目標的道途，便會覺得自己不完整。一旦你開始追求靈魂目標，別人便會注意到你。當你遇到具備特殊的天賦或天生的才能的人，你便看到了他們的靈魂目標。

至於靈魂契約，則與你的靈魂要在今生學習的功課有關，以促進你的靈性成長。這些靈魂契約可能在今生、前世，甚至出生前擬訂。靈魂契約的整體作用是提供你駕馭相應的功課；靈魂目標的重點則是提供你對準目標，接受靈魂目標的指引。

每個人一生中都有許多靈魂契約，從這些契約的學習能幫助你貼近靈魂目標。通常，一個人至少有一個阻礙自己發掘靈魂目標的靈魂契約（諸如「避免風險」或「在人生中當隱形人」）。

如果你想知道自己的靈魂目標，亦即能讓你衷心喜悅的那件事，那就建立健康的靈魂系統吧。你的靈魂目標和靈魂系統將會相輔相成，水乳交融！人人都想知道自己的靈魂目標，如果你不相信自己有聰明的腦袋，看不出來自己很成功，不認為自己值得被愛，你就不可能發現靈魂的目標。

每個人的靈魂目標都是宏偉計劃的一環，你得先有健康的靈魂系統，才能實現靈魂目標。現在就讓我們讓你的靈魂系統恢復健康，你可以開始從中受益了！

第2章

四種靈魂契約

靈魂契約分成兩大類：「出生後靈魂契約」（包含：前世及今生），以及「出生前靈魂契約」（包含：關係靈魂契約、動物靈魂契約、路障靈魂契約）。本書我們聚焦在「出生後靈魂契約」，但是認識另外三類契約也很重要，這些契約在你的根源信念系統扮演著次要角色。本書不直接探討這些契約，但是瞭解這些契約如何提供你靈魂課題的線索，你將如虎添翼。

出生前靈魂契約

出生前靈魂契約建立在靈魂不死的概念上。靈魂在多生累世及本源之間往返，永不停歇。很多人將靈魂的往返稱為轉世。出生前是指在兩輩子之間，靈魂尚未進入下一次轉世的時候。出生前靈魂契約就是在這個期間訂立的。

當靈魂處於出生前、兩輩子之間的狀態，振動的頻率最高。那是純淨、慈愛、連結完全暢通的狀態。每個靈魂都以各自的速度，致力於不斷地提升自己，直到與本源重新合為一體。我們在世的時候愈是去琢磨內在的心性，就愈能連結到靈魂在兩世之間的光芒。

出生前靈魂契約是兩個處於出生前狀態的靈魂所訂立的協議。由於出生前狀態下振動的頻率最高，在這個時期訂立的一切協議都為了成就靈魂的至善。你的靈魂非常清楚，你在接下來這一世要學習的靈魂功課。假如前輩子你在過世時仍有好幾份靈魂契約，那麼下一世你的靈魂會知道自己必須處理這些契約，也清楚你在瞭解宇宙與開悟方面已經存有的成績。

情況是這樣的，你的靈魂去找另一位靈魂說：「嗨，約翰。我想在下輩子學習相信自己。你願意幫忙嗎？」

約翰的靈魂說：「好啊，梅麗莎。我下輩子想學習獨立一點。妳能幫我嗎？」

兩位靈魂之間的協議就成為一份契約。到了他們人生的某個時候，梅麗莎和約翰會相遇，開始互相幫忙。

對，你沒看錯，其他靈魂會刻意進入你的生命，協助你學會你的靈魂功課，讓你的振動頻率往開悟移動。包括了：搶奪你的功勞、把你氣得半死的上司；宣稱每分每秒都在照顧你、實際上在你三歲時就拋棄你的母親；還有主動幫你把你購買的商品提到你車上的店員。這些全是契約。

出生前靈魂契約是振動頻率最高的能量協議。它唯一的目的就是協助靈魂進化，破解始終有學習障礙的功課，向開悟前進。這是我們要理解、精通、落實在生命中的契約；我們將從中進化，活出多彩多姿的人生。

很多人不喜歡人生早有定數的概念，認為出生前靈魂契約剝奪了自由意志。但是自由意志對出生前靈魂契約極為重要，一旦落實，更關係到靈魂能不能快速、且輕鬆地駕馭靈魂契約。儘管靈魂功課是事前安排的，並沒有設定你要走哪一條路才能完成功課。兩位靈魂如何訂立、並圓滿一份靈魂契約，也不是預先決定的，而是依據各自的自由意志。延續前例，或許約翰的靈魂會藉由成為梅麗莎的情人來協助她，也有可能以擔任員工的形式履行他的靈魂契約。協議中唯一預先決定的部分是，這兩個靈魂會相遇，而他們互動的模式會在不知不覺間，協助彼此修習各自的靈魂功課。

你的靈魂與其他靈魂訂立了無數的出生前靈魂契約。當你邂逅某人並感受到一種「悸動」，契約便啟動了。當然，不是每個相遇的人都會給你那種感受，因為每一份出生前靈魂契約都不同。如果你將生命中遇到的每個人都視為你的老師，這位老師會教導你某些事，你便上道了。如果哪位「老師」搶走你工作上的功勞，或是跟你男友調情，或許你就很難把他們當做老師。

看得出來，任何一份靈魂契約都能幫助你在許多層次上進化，連你不知情的契約也是。

關係靈魂契約

關係靈魂契約屬於出生前靈魂契約。你和每一位你接觸過的人都訂立過關係靈魂契約。包括：你的家人、你的幼兒園老師，還有你開車上高速公路時向你豎中指的汽車駕駛。當然，有些關係契約在你的人生中分量比其他關係契約來得重要。

關係靈魂契約是以靈魂想在這一世修習的課題為基礎。每一份人際互動都有必須學習的內容。例如，或許你和母親訂過一份契約，她要協助你認識自己的內在美，或許她的做法是貶抑你，或許是讓自己美麗非凡。如果你願意想一想每份人際關係，不論它們多麼重要或微不足道，都能指引你邁向靈魂的內在光芒，你便明瞭了關係靈魂契約的力量。

一段關係的現狀並不會影響彼此之間是否有簽下關係靈魂契約。如同前述，你和所有接觸過的人都訂過靈魂契約。這個人可以是你日常生活的一部分，可以是只有一面之緣的人，甚至是你在電視上看見的人。

出人意料的是，你學會一份關係靈魂契約的課題與另一方毫不相干。你的課題是為你量身打造的。也許等你學到教訓，便不再需要這位老師。不只如此，對方未必要從你身上學會他們的功課，也能圓滿一份關係靈魂契約。重點是你們給予彼此學習靈魂功課的機會。

駕馭一段關係並不保證你們會以伴侶、朋友或其他形式繼續往來。整頓靈魂系統並不容易。一想到，如果自己有了健康的行為、開始相信自己、得到成功，或許你新的生活形態就容不下某人的存在，實在教人開心不起來，但這是事實。當你領悟了每一份人際關係靈魂契約的教誨，你就會瞭解並不是每個人都會退出你的生命，但是離開的人會很多。

假如朋友、親人、同事等等各路人馬，因為不能接受煥然一新的你而離開你的生命，從長遠的角度來看，其實符合每一個人至高至善的福祉。但是一開始，那可能教人痛徹心扉。請不妨這樣想：因為你整頓了靈魂系統，而離開你的每一個人都騰出了空間，讓符合你新的振動頻動的人能夠進來。

做關係靈魂契約的功課常常會強化關係。我見過很多人終於明白了伴侶是來教導他們以後，將不健康的關係轉化為天長地久的親密感情。他們學會允許靈魂功課引導他們在這段關係中的行為。關係靈魂契約並不會讓雙方長長久久，但是有些人會建立刻骨銘心的關係。

駕馭關係靈魂契約基本上是個人的事。另一位靈魂也會得到學習的機會，但是這不保證你的夥伴能夠融會貫通。有時你的學習過程會在關係結束之後持續幾年，甚至數十年、幾生幾世。

在你準備好處理人際關係中的課題之前，關係契約會揮之不去、並且腐敗化膿。很多人為了逃避深度的心靈課題，又加碼簽下了其他出生後靈魂契約，結果讓雪球愈滾愈大。

動物靈魂契約

動物靈魂契約是第二種出生前靈魂契約。類似關係靈魂契約，不過是人類靈魂和動物靈魂訂立的契約。與關係靈魂契約不同的是，動物靈魂對於自己提供的協助，並不要求回報。

動物不像人類，牠們已精通無條件的愛。動物不會因為自己太兇、太胖或不夠聰明而苦惱。他們不會因為信仰系統不同而互相傷害。就是因為這樣，拯救動物對人類來說是很有意義的體驗，動物奉獻愛心的能力是人類無從領略的。動物靈魂來到地球上，是為了協助人類發掘如何向無條件的愛進化。

當你開始做動物靈魂契約的功課，學會了寵物指導你學習的課題，你的寵物可以從你那裡得到兩種回饋。一種是你直接為寵物建立更良好的生活環境，另一種是你提高了能量振動頻率，對人類意識的整體振動頻率帶來正向的影響。動物和你合作，追求這兩種結果的任何一種。

這也表示許多動物不惜犧牲自己的身體健康、心理安康，來幫助人類學習。有鑑於世界各地虐待動物的事件頻傳，我們該學習的還多著呢。當人類學會了動物努力教導我們的功課，我們每一次的輪迴轉世，都會與地球萬物和睦共處。每一份動物靈魂契約的目標，都是協助你和全體人類重新發掘內在的光芒。

路障契約

路障契約是第三種出生前靈魂契約。這些是你的靈魂在出生前所簽下的契約，作用就像某種替代方案。在每一世開始之前，你的靈魂很清楚你必須學習哪些靈魂功課，才能進入純粹、無條件的愛的境界。靈魂也知道開悟之路充滿了動盪不安、抗拒和自由意志；有時，有必要提供額外的援助。只有在你閃避某個特定課題的時候，路障契約才會出現在你的生命中。

例如，也許照顧病弱的母親，讓你忘了自己也有個人需求。或許路障契約會以疾病的形式來到你的生命，逼你照顧自己的身體。很多人誤解路障契約的本質，稱它為「天譴」。

有人說，路障契約跟自己的塵世旅程毫不相干，只是巧合，這是不精準的說法。路障契約並非許多身歷其境的人所說的，隨機的負面事件。

路障契約以各種形式出現在我們的生命中。可能是偷腥的配偶、一張中獎彩券，甚至是嚴重的疾病。路障契約的目的是，強迫你重新評估自己在某個生命領域的作為，讓陷進水深火熱的你跌落谷底，最終願意改變作風。痛苦到一定程度之後，多數人都會做出決定，去學習出生後靈魂契約的相關靈魂功課。

例如，我拖拖拉拉了好幾年，都無法決心告別白領世界，成為全職的直觀式通靈師（intuitive）。最後，就在我們夫妻買下昂貴大宅當作新家的那一天，我被解雇了。對我來說，這是終極的路障契約。失去全職工作的生活比較捉襟見肘，但是感覺上這兩件事在同一天發生必然有其原因。

我認為那是靈魂推了我一把，催促我去履行我的天生使命。那並不是一件容易的事，但是因為這個路障，我知道這麼做是對的。

你不一定要聽從路障契約的指示。靈魂將路障視為協助你與靈魂課題接軌的機會。萬一你沒察覺到某個生活經歷實際上是路障，你也不會受到審判。儘管遇到路障似乎很倒楣，路障的目的其實是在幫忙你。但是你得超然於物外，找出路障傳遞給你的訊息。

萬一你誤解了，別擔心！你八成還會有其他的機會，只是你要知道下一個路障或許會變得更大。遲早路障會讓你痛苦到採取行動，回歸正軌！

你未必喜歡路障契約帶給你的學習歷程，但是跟收穫相比，你吃的苦根本小巫見大巫。路障不會讓你走錯路，還能帶你避開未來路途上的麻煩。據此，生活中的大小事都有更宏大的目的存在：幫助你精通一個課題。路障契約以極為深刻的方式，連結到一個更大的靈魂課題。

出生後靈魂契約

既然本書是以出生後靈魂契約為主，當我提到「靈魂契約」，指的就是「出生後靈魂契約」。至於其他類型的靈魂契約，則會標註全名。

只有出生後靈魂契約不是在靈魂進入新身體前簽下，而是在人誕生以後，因為反覆經歷特定的種子思想而簽下的契約。例如，也許你在四歲的時候植入一個種子思想。這個種子思想讓你缺乏安全感；當你漸漸地長大，總是缺乏安全感，覺得不受保護，而倍受煎熬。最後，為了反制這些經驗，你簽下一份出生後靈魂契約。你決定封閉自我，將別人關在心房外，省得再為脆弱易感而惴惴不安。

當你意識到出生後靈魂契約的存在，開始做功課，出生後靈魂契約便協助你學會一個靈魂課題，擺脫破壞性的舊模式。這些契約也能教導你，如何開始學習你的關係靈魂契約。

例如，一旦妳掌握了關於自尊的出生後靈魂契約，就能建立新的自我價值信念，將它應用在你和丈夫的人際關係靈魂契約中；而你的丈夫也在協助你學習相同的課題。也因此，出生後靈魂契約是本書著墨最多的焦點，因為這些契約能幫助你修練關係靈魂契約。

出生後靈魂契約是以挑戰、阻礙或不適的形式出現。讓你覺得遇到挑戰，是這類契約最普遍的形式，因為我們面臨棘手的狀況，學習效果往往最好。

由衷喜樂、滿足的人，早上起床可不會出現：「我生活裡的每件事都太美滿了。我要改變現狀！」我們會拖到受不了現狀的時候才願意改變。靈魂契約自然有辦法讓你覺得走投無路，只好大刀闊斧地改變自己的觀點，以及人生選擇。

練習　找出你的障礙

現在你知道各種靈魂契約的細節，你明白這些契約會顯化為生活中的障礙，比種子思想容易辨識，種子思想是在我們對自己抱持負面的信念、又視若無睹的時候出現的東西。要找出這些障礙，最簡單的做法就是檢視你覺得滯塞不前的領域。

例如，你在職場上總是無法升職。你一再重複惱人模式的地方，就是契約所在之處。例如，你交往的對象只愛你的財富。你從目前讀到的內容，應該很清楚自己主要的障礙在哪裡。

現在該是界定障礙的時候了。既然你從前文看到這裡，大概知道自己有哪些挑戰：愛情、財務、敞開心胸、成功等等。這項作業就要善用你的領悟。假如你還沒有靈光一閃的領悟，一樣可以做這個練習！其實，做這項作業說不定能帶給你靈感。

先列出你覺得棘手的領域。尋找你生命中反覆重演的模式。

你很難接受別人的讚美嗎？

你收入優渥，卻總是在薪資入帳後立刻花光？

你為了追求成功總把自己逼得很緊，以致於疲累不堪？

不要批判自己，全部寫下來。

有些人擅長自我覺察，三兩下便能列完清單，一眼就揪出人生中的模式。但是那種人寥寥無幾。多數人會卡住。寫這份作業的時候，別擔心會漏列哪個障礙，也不用拚命做到完美。完成這項練習的方法很多。

首先，檢視你的人際互動。很多人在檢視人際關係的時候，意外地發現了自己的負面模式。例如：

男友是否沒有善待你，導致你們合不來？

你上司是否不認可你的工作表現，讓你恨得牙癢癢的？

你有一個不分晝夜打電話來訴苦的朋友，你又想不出理由不接電話？

寫下每個讓你倍感壓力的人。

接著，看看你能不能歸納出反覆出現的模式。歷屆的男友都不尊重妳嗎？歷任上司（同事）總是漠視你的才能？或者簡單一點，直接列出和你關係緊繃的人，寫出你們之間的情況。我以潔芮為例。她的情路坎坷，所以她以大綱式要點的方式，羅列出往日戀情的典型問題。她的清單類似這樣：

- 跟拉瑞約會。一開始他對我很體貼，後來他常以工作為重，沒空陪我。
- 和約翰交往三年。他不太會溝通。我得纏著他問個不停，才能挖出他到底在想些什麼。
- 跟喬治交往三個月。起初他很健談，後來就覺得他在躲我。

接下來，潔芮要從大綱式的清單找出共通的主題——以此例來說，就是感情關係的模式。三位男士都沒有提供潔芮想要的時間、關愛、注意力，和支持。另一條線索是潔芮總是選擇留下，希望藉此感情會有所起色。

從你最困擾的兩、三個領域開始練習，辨識靈魂契約如何顯化在你的生命中。不用擔心這些障礙該如何分類。這項練習只要你思考自己一再重演的負面模式。做練習的時候，漸漸地你會覺察到自己需要下功夫的生活領域。

第3章

學習我們的靈魂功課

讓靈魂系統脫胎換骨不是一朝一夕就能完工的。不是只要說一聲：「宇宙！我釋放一切的阻礙！」就能等著看你的關卡統統神奇地消失。你的分內事是盡力多多疏通阻塞的能量，理解當初能量凝滯的原因，融會貫通你的靈魂功課。一旦你徹底學會你的功課，阻礙便會消融。

在理智上知道自己陷入不健康的模式、明白自己得運用某些步驟來釋放模式，和你真的付諸行動是兩回事。也就是在理智上領悟一個課題，與將領悟落實到生活中的差異。解釋這項差異的一個絕佳例子就是，知道自己應該戒菸和終於把菸戒掉。

靈魂契約會讓你某個生命領域艱難到你必須改變行為。你終於舉手投降，你跌落谷底，進入別無選擇的情緒空間。每個人的谷底都不同。這個男人的谷底也許是面臨失去住處的危機；那個女生的谷底也許是成績單上的分數不及格。

當你的前景黑暗到你願意做任何事，來改變情況，甚至是那種你一直以來都拒做的事，那麼你便是在谷底了。這表示你終於敞開心扉，處理並駕馭與生命領域相關的契約。

我的客戶克麗絲汀的谷底經驗很有意思。她發現有一份靈魂契約告訴她，避免心碎的唯一方法是自我封閉，不對任何男性動情。她這輩子邂逅的男性總是對她不忠，老是欺瞞她，造成她不安的種子思想。結果，她簽下了靈魂契約，謝絕愛情。到了克麗絲汀四十歲的時候，害怕被男性欺騙的恐懼已經主宰她與任何男性的關係，不論這位男性是她的同事、家人，或者彼此曖昧的男人。她持續邂逅看起來人很好的男性；但是她認定不能信任他們。

克麗絲汀來找我之前不久，她（二度）解除婚約。她的理由是未婚夫工作時間太長，所以不能信任他。她傷心欲絕，卻認為終止這段感情是避免日後心碎的唯一辦法。她的朋友都不認同她的決定。幾位親密的女性朋友棄她而去，因為她們不懂她怎麼能拋棄一位顯然全心全意愛她的人。

當克麗絲汀來找我時，她已跌落谷底。失去友情和愛情的她，明白自己必須改變，才能學會在感情生活中信賴對方。對克麗絲汀來說，跌落谷底是生命的淒慘時光，也正是在這一刻，她終於開始整頓靈魂系統，重新連結她的光芒。

如果你漠視谷底提供的改變機會，你承受的壓力只會節節上升。如果你仍有宣告「現在還不要」的力氣，你就還沒到谷底。你會經歷一個又一個艱難的機會，直到你終於願意做出重大改變。善用在谷底的時光，並不是只要辨識眼前的挑戰、瞭解你不願意維持現狀、不想繼續不開心就夠了，這些想法是你一步步爬下谷底的梯子。不管你明不明白是什麼絆住了你的人生，在你願意採取行動之前，你就還沒到谷底，因此那些臨時湊合的改變不能長久維持。

我們知道自己不該老是選擇某一型的男友、結交對我們無益的損友、只為了（一份無法給予我們豐足生活的）薪水而接受一份工作，但是我們照樣做出這些決定，並期待這次的結果會和上次不同。這些模式可以在我們陷落谷底的時候破解，在那之前，我們還沒把自己逼進真的洗心革面的境地。

靈魂契約不是用來扯自己後腿的恐怖負面協議，而是協助我們駕馭棘手課題的能量。從某些角度來看，這些契約協助我們提早登上山巔。我們還是要爬上山路，但是山勢沒那麼陡了，而且還有靈魂契約的繩索和鞋子助我們一臂之力。

在克麗絲汀的例子中，本該讓她免於心碎的靈魂契約有更大的目的，就是協助她辨識她的種子思想：「我不安全。」進行靈魂系統工作的時候，她明白了自己想要敞開心胸，接受真正的親密關係，而她有一個不能信任男性的頑強信念。

當她駕馭了自己的靈魂系統，她改變自己對感情的態度，因為她已轉化了自己的信念。失去心愛的男子及三位摯友的谷底經驗，讓她覺悟到自己唯一的選擇就是嘗試新做法。

習題 谷底

你大概察覺到自己有過多次跌落谷底的經驗。列舉這些谷底時光有助於你進一步認識自己，這可能是你整頓靈魂系統的成功關鍵。以二十分鐘的時間寫下你跌落谷底的人生時刻。記住：如果你沒有洗心革面，就不算谷底。如果你的處境讓你明白自己「應該」改變，只要你沒有實際行動，就不是谷底時刻。

往日的成功可以帶給你挑戰目前契約的勇氣、經驗和洞見。撰寫清單時，問自己：當時發生了什麼事？是什麼事件或經歷推了我一把，讓我做出改變？既然每個人都有許多種子、契約、課題，你大概可以從往昔的人生找出幾段谷底經驗，辨識你如何把握谷底提供的轉機，而做出改變。

找不出相關經驗的話，就用幾分鐘寫下往日你以為自己陷落谷底的體驗，你嘗試改變做法最後又故態復萌。這樣檢視你的經歷，可以協助你瞭解自己的做法，以及你空有理智上的理解卻無力實踐的頻率有多高。這個練習可以讓你檢視往日的成功經驗，奠定前進的基礎。

每一份契約都蘊含一個有待學習的課題，無法一口氣統統解決。我們從生命歷練學會的課題，給了我們獨一無二的觀點、智慧和專才。要是不等機緣成熟便鏟除一個課題，眼前的衝突或許會緩解，但是以長遠來看則毫無益處。你會錯失重新發掘自己的光芒、相信自己的內在美、感受宇宙安全庇護的機會。

不只如此，你的種種關卡遲早會全力反撲。所以我們是從顯眼的靈魂契約障礙及其潛藏的種子思想、混亂情緒下手，進而釋放我們的阻礙。否則，你將無法從靈魂層次釋放問題，你的難題必然會持續困擾你。

我做個案的時候，客戶常說：「以前我很在意自己單身，現在不會了。我還滿樂在其中的。」或者「以前我總是為別人犧牲自己，現在我不做那種事了。」他們會告訴我，由於他們改變選擇，準備好釋放靈魂契約。但是事情不是這樣運作的。僅僅瞭解一個有問題的行為、信念、想法、模式是不夠的，你得明白它之所以存在的根源。

請把它想成是一個裝了水和沙的罐子。罐底那一層堅硬的沉澱物代表你的契約。

假以時日，沙子和罐底的界線會變得難以區分。要移動堆積的沉澱物，你得使勁地搖晃罐子。當沉澱物鬆脫、混入水中，你就能打開蓋子，濾除你不要的部分。觀察你生命中的契約，理解並採取行動，就是大力地搖晃罐子、並過濾那些沉重的沉澱物。

如何從靈魂釋放那些契約呢？

是不是宣告你受夠了就能解除？

是不是得清掉一切，從零開始？

多數人一旦明白自己有什麼無形的障礙，都想立刻排除障礙，只要過程不會太痛苦的話。他們試圖改變靈魂契約導致的習慣。但是想要真正駕馭一份靈魂契約、創造你尋求的靈魂層次的轉變，就得改變生命的某些層面，發掘是什麼在驅動你的契約，採取恆久的步驟改變現況。成果是什麼呢？就是終生有效的大躍進。

我的客戶安卓麗雅情路多舛。她選擇的男人每次都不是好對象。她把每個交往對象都視為一個專案。在她的感情生活中，她主掌大局，教導男友如何應對進退、整頓生活、培養成熟的友誼。她甚至調教他們禮儀。安卓麗雅在工作上也霸氣十足，極為成功。她工作的業務部門同仁大部分是男性，她必須強勢且獨立（到跋扈的程度）才能成功。她以強悍、頤指氣使的性情自豪，因為這種性格讓她在職場上春風得意，她認為這是她最優秀的人格之一。

安卓麗雅和我第一次對談的時候，她顯然樂於在所有的人際關係操控局面；主導一切似乎是達成目標的最佳手段。駕馭全局也是讓她事業成功的工作策略。她想要一個能在情感上、實質上、心理上支持她的男人，而她選擇的對象卻做不到這些。獨立自主是阻礙她的靈魂契約之一。

當我告訴她這些，她防衛心很重地說：「那我們解除感情生活中的這個部分，但是我在工作和其他領域還是得獨當一面才行。」她在理智上能夠理解操控愛情關係對她無益，卻想不通為什麼對其他生活領域不是有利無弊。一份靈魂契約會影響一個人的全部生活，但是可能只在一個領域引發壓力、構成困擾。

例如，在安卓麗雅的部門中，很多同事會怕她。她發現自己多少受到排擠，同時又讓她可以迅速完成工作。除非安卓麗雅能覺悟到自己追求的是平衡，並領悟到這份靈魂契約實際上的目的，否則就擺脫不了她渴望終結的障礙。

如果安卓麗雅想要敞開胸懷，迎接她想要的愛情，就得處理她獨立自主的課題。一開始，她的恐懼讓她拒絕改變。她擔心如此一來就必須改變工作風格，一旦終結這份靈魂契約、鏟除潛藏的種子思想，她就不能是獨當一面的成功人士。

釋放契約和種子不見得會造成非黑即白的局面。當安卓麗雅駕馭她的靈魂系統，她釋放了這個障礙。她並沒有因此而無力照顧自己或無法在商場上叱吒風雲，但是她做的決定不再是受到負能量的驅使。她在公司依然積極進取，允許一些同事給她建言。她甚至請一位專案經理協助她執行一個特別困難的專案。

果斷、幹勁十足都是很棒的優點，但前提是這些風格是來自接受自己，是內心安定的穩健行為。安卓麗雅現在的作風仍然和她整頓靈魂系統之前類似，但是驅動她的動力改變了。她不再需要藉由操控別人來建立安全感，她懂得享受偶爾獨自完成事情的生活。

許多人反反覆覆幾生幾世都在修習他們的根源信念系統。靈魂契約、混亂情緒、種子思想、甚至根源信念系統都會向你隱匿蹤跡，直到你終於準備好處理為止。我很多客戶都不知道自己碰上的種種阻礙，源自他們早年（甚至是前世）所做的決定。至於解決辦法，則視契約、相關人物、相關事件而定。

以下是一些人在做完靈魂工作之後，體驗到的：

- 一位女性破解自己的小圍牆靈魂契約（杜絕別人向她示好的契約），釋放「我不夠好」的種子思想，終於明白她一直將別人（特別是男性）關在心門外，藉此保護自己。結果呢？她邂逅一位男士，這位男士協助她呵護她剛萌芽的嶄新自我信念，現在他們婚姻美滿。這位女性在伴侶身上找到無條件的愛，因為她學會愛自己，這可是很多人做不到的事。

- 一位男士終於自己創業了，年收入突破百萬美元，就因為他釋放了「我不夠好」的種子思想，以及「失敗」的靈魂契約。
- 一位女性釋放了「我不安全」、「無人支持」、「不被保護」的種子思想，以及「隱形人」靈魂契約，她將幼年遭到性侵的往事集結成書出版。
- 一位男性釋放了「我不是好人」的種子思想，以及「除了我以外，為每個人付出、保持沉默」的靈魂契約，他開始善待自己，原本疏遠他的女兒因而恢復對他的敬愛。

靈魂系統工作能帶給你的收穫無遠弗界。你進展得愈大，愈難記得你原本的處境有多艱難。

改變、改變、再改變！

我們吸引來的能量，振動頻率會吻合我們內在的能量狀態。姑且假設你很難優先照顧自己，因為你的根源信念系統讓你相信，如果你不先幫忙別人、先照顧自己，那你就是壞人。

如果你抱持這種信念，自然而然會吸引吻合你信念的人。你生命中的人會期待你優先照顧他們，如果你不遵循這個模式，他們就會反抗你。畢竟，這就是他們當初遇到你的原因。一旦你掌控了你的根源信念系統，學會依據你至高至善的福祉做決定，只對你的舊振動感到自在的人便會離去。

當你周遭的一切似乎都在逼你回歸原本的老樣子，你可能很難堅持下去。人類天性喜歡安逸。我們堅守自己知道的一切（即使那不容易），只因為我們習慣了。當你整頓起靈魂系統，你會遇到許多試圖逼迫你恢復原狀的外力。

比如，假設你在學習拒絕別人，你的老闆可能突然想多塞二十小時的額外工作給你。或許某個朋友突然覺得你要是不每分每秒陪在身邊，她會活不下去。說不定連你的合夥人都會大剌剌地威脅你，要是你不保持原樣，就要分道揚鑣。

整頓靈魂系統會帶來實質的後續發展，因此最好為即將降臨的變化預作準備。其他常見的副作用是，你的主要人際關係出現變化（也就是你們其中一人會離去，或是你們會更努力改善現狀）、辭職或找新工作、釋放抑鬱、邂逅新朋友或跟朋友決裂。

以長期來說，這些轉變對你有益，只是一開始可能會覺得艱難。順應這些轉變是駕馭靈魂契約的一環，因此請做好準備，學習靈魂功課，將躲不過在意識上、環境上、幸福上，會出現重大的轉變。

練習 作出改變

你想從哪裡開始下手？愛情嗎？事業嗎？相信自己？建立安全感？信任外界？提高收入？

在這項練習中，寫下你認為會轉變的生活領域，以及你對此的所有恐懼。例如，你想學會把自己放在第一順位。而伴隨這項改變而來的恐懼，或許是你會丟掉飯碗、朋友會討厭你，或者你母親會覺得你很自私。

這項練習不是要讓你害怕，而是讓你看看自己尚未設法改變的原因。列出你的恐懼，以便客觀地檢視。當你在日誌寫下：「朋友會跑光光。」部分的你明白這未必會是事實。你也瞭解失去舊友將會騰出空間，讓樂於付出的新朋友得以進入你的生活。

寫這份清單不是要嚇你，卻可能會嚇到你。盡量爬梳你的恐懼，把它們一一攤在檯面上。其實改變自己的難度以及駭人的程度，壓根兒比不上你這份充滿幻想的恐懼清單。

第4章

為什麼我們會簽下出生後靈魂契約？

如同前文的說明，出生後靈魂契約（本書說的靈魂契約）是你因為一個種子思想引發寂寞、害怕、抑鬱、受困、失去安全感或其他的負面情緒，而（在今生或前世）簽下的契約。處於正向的心境的時候，你與本源、直覺的連結最穩固，你做的決定通常是有益的良好決定。但是靈魂契約的締結，則是你為了回應某個種子思想而和自己談妥的一門生意，你會用一個行動去反制你感受到的痛苦或不適。

我們來拆解這個過程，就從牽涉其中的主要能量振動談起。你出生時，為了讓靈魂與肉體結合，靈魂必須降低出生前的高頻振動狀態，才能融入人體的實質密度及塵世生活。當能量體降低振動頻率，便會從無條件的愛、希望、開悟移開，而比較靠近懊悔、恐懼、怨恨的能量。低振動頻率離本源比較遠，也就是說，**僅僅是身為人類，你與本源的直覺式連結就不如出生前的狀態**。在低振動頻率下，你更容易經歷到某些情緒和能量。出生後靈魂契約是透過人類的體驗締造，真的可以把純粹聖光打造的靈魂攪得七葷八素的。

簽下出生後靈魂契約

請想像你正處於嚴峻、艱難的人生階段。同時，「我不夠好」的種子思想不斷地冒出來。你感到厭煩、惱怒、挫敗。你滿肚子窩囊，你經歷的每件事、遇到的每個人，都在說你不夠好。你的種子思想向宇宙發射這個負面訊息，宇宙又將它反射給你。

大多數人就是在這個時候簽下出生後靈魂契約。原因一目瞭然：你迫切想要平息自己不夠好的感覺。在一陣猛烈的憤怒、挫敗、絕望之下，你心生一計。也許你會說：「我要不惜任何代價成為這份工作的第一高手。」或是：「我要犧牲自己的需求來支援其他的人。這樣就能證明我是大好人。」

因為你不是處於心平氣和、神清智明、穩健踏實、較高振動頻率的狀態（畢竟，你沉溺在極負面、低振動頻率的情緒中），而且決定仰賴自己的意志力，於是你簽下了這份契約。很多人不明白自己做了什麼。他們相信自己是為了解除痛苦才做這些交易，其實他們是標示出日後必須回頭處理的生命區塊。

要簽下一份出生後靈魂契約，你必須先因為某個特定的種子思想而反覆受苦，處於極度負面的狀態。你不會只因為某天上班諸事不順就訂立靈魂契約。你必須處於陷落谷底的負面振動頻率，同時感到絕望，彷彿你唯一的選擇，就是簽下這份協議。由於這些特殊條件，你靈魂契約的數量大概不如你想像中得多。你必須集結大量的負能量，才能訂立一份靈魂契約。

另一方面，出生後靈魂契約在簽下之後便隱匿蹤跡。多數人在簽契約時根本毫不知情。他們只知道自己迫切想要改變現狀。他們知道情況不對勁。他們看到舊事一再重演，用盡一切辦法卻阻止不了。儘管他們感到無力，仍決心控制事態的發展。想要解除痛苦的渴望造成了出生後靈魂契約，但那不是因為你改變了自己，而是因為你不懂釀成痛苦的種子思想背後的課題。

當你放慢腳步，探查自己的處境，便是在抽出時間掌控種子思想，予以釋放。於是你的振動頻率上升，更接近本源。當你處於較高的振動頻率及正面心態，你做的決定並不會導致你訂立出生後靈魂契約，而會推動你的人生向前進。

你已在今生簽下靈魂契約。我的客戶大衛便是一個好例子。大衛的公司欣欣向榮。他是走在尖端的冒險家，他冒的險值回票價。他有八千位員工，收入豐厚到他做夢都想不到。雜誌專文報導大衛預測市場走向的能力，他的父母讚美他，女人感受到他的卓爾不群、自信、走在前端的魅力，紛紛接近他。但是突然間，風雲變色。

由於策略失誤，他不得不遣散超過半數的員工。大衛心煩意亂，沮喪不已，很內疚自己害慘了那麼多人。他心想：「要是我放慢腳步，做對符合邏輯的決定；要是我對自己的現狀感恩，不做那些交易，就不會這麼狼狽。」他開始認定他不能信任自己，覺得自己其實不明白自己在做什麼。這造成我不夠好的種子思想。他不再相信自己的直覺，導致工作屢戰屢敗。最後，他決定：我絕不再犯那種錯。我絕不再冒那種險。我得戒慎恐懼！一份靈魂契約就此締結。

他打算日後不要再害自己及別人陷入痛苦，因此，他停止冒險。他判定跟隨潮流才是正解，揹負起一份龐大的出生後靈魂契約。

過了一段時間，大衛發現閃避風險、不聽從直覺、跟隨潮流並無法重建昔日的成功。當他真心想放手一搏，卻又躊躇不前。他完全不理會曾經讓他生意成功的直覺。

最後，大衛開始探索他的靈魂系統，辨識出我不夠好的種子思想，以及不可以信任自己的靈魂契約。這正是阻撓他再創成功體驗的癥結。當他體認到自己夠好，便恢復了對自己的信心及優良的直覺，重新締造昔日的成功人生。

多數人訂立靈魂契約的時候，沒有察覺到自己實際上做了什麼。他們在生命屈居弱勢之際試圖控制人生。想想看：當你生氣或憂慮的時候，腦筋會清楚嗎？能發揮自己全部的能力嗎？你做的決定會跟你心平氣和、神清智明、內心踏實時一樣嗎？不會。處於負面情緒的人極難做出最佳決定。你做出最佳決定的機率將會暴跌。恐懼、悲傷、憤怒、罪咎，都會妨礙你運用邏輯與直覺，因此你的行動是出於恐懼。

做出這類決定，會消弭你日後改變心意的能力。當你簽下出生後靈魂契約，你便在不知不覺中，將這種行為、信念系統、行動、思想，封存到最深層的地方——也就是你的靈魂。契約一旦簽下，靈魂便會竭力遵守，包括破壞你刻意改變行為所做的種種努力。

不妨將出生後靈魂契約視為能量書籤。這些書籤會深植在靈魂內，直到有朝一日你著手處理。假如你在五世之前簽下一份至今原封不動的靈魂契約，你誕生到這一世的時候，就帶著這一份你不知情的靈魂契約障礙。常有人發現自己遇到的障礙，與目前這一世毫不相干。或許你在好幾世之前的童年，曾因為太愛講話而遭到嚴厲的訓斥。於是，你簽下一份從此沉默不語的出生後靈魂契約，以證明自己的乖巧。三輩子之後，要你開口依舊像要你的命。那份出生後靈魂契約仍在原位，等著你處理。

你在別世簽下的契約，仍有數不清數量、完好如初地留存在你的靈魂內。因此，人往往對自己的障礙渾然不覺，他們進入這一世的時候，這些挑戰就已經存在了。很多人不曾實際體驗過完全沒有難關及隱藏阻力的生活。

前世靈魂契約可能是釀成你根源信念系統的主要根源。假設你的靈魂活了八十世，其中四十世你都很難相信自己，你便非常可能有至少一個成熟的根源信念系統，裡面包含與這個課題相關的各種契約。幸而前世靈魂契約有個妙處。這些契約並不會因為是在另一世簽下的，就特別難以發掘、理解、駕馭。其實，在整頓靈魂系統的過程中，你會發現前世靈魂契約實際上融入了你今生的靈魂契約。當你面對今生簽下的契約，同時也會處理前世的契約。

練習 前世或今生？

知道了契約來自前世或今生可以提供更多的細節，讓你安心。畢竟，你不太可能記得前世。（像身為騎士，誓言為全人類的福祉犧牲自己！）寫下你認為目前挑戰的起源，通常能幫助你釐清靈魂系統。使用你在前一章的練習中所列出的障礙，想想你從何時開始吃苦頭。有沒有哪個挑戰打從你有記憶以來就困擾著你？那這個障礙可能就來自前世，或來自你這一生還不會口語交談的時期。你的障礙是不是跟你這輩子的某一段經歷有明確的關連？還是你的障礙根本沒有道理可言，因為你沒有導致那個障礙的經歷？那些莫名其妙的挑戰八成來自前世。假設你覺得無論如何自己都要信守承諾（不惜犧牲一切），但是從來沒有人罵你是騙子，也不曾有人欺騙過你，你的障礙便極可能來自前世。

請你記住，前世的靈魂契約往往和今生的靈魂契約交纏在一起，如果你找到的契約似乎都和今生有關，那也無妨。這不表示你沒有前世的靈魂契約。只是你的障礙都連結到今生的障礙罷了。當你處理目前的障礙，便會同時清理前世的障礙。

不論從哪一世下手，效果都很棒。釐清障礙始自哪一世並非必要，卻絕對能讓你更能操控你的靈魂系統。在你繼續向前邁進時，試著釐清這個問題；如此你會比較瞭解自己的現狀。那麼，作為上路的第一步，請以五到十分鐘想想這些契約的源頭。

第5章

整頓你的靈魂——

步驟一：打造你的靈魂地基

自我諒解與自我接納

進行靈魂系統工作需要自我諒解與自我接納。在你起步時，記住每個人都有靈魂契約。這些阻礙經常隱遁數十年之久，因此你也沒有自己想得那麼蹩腳。另有其他在運行的能量阻撓了你成功。這些能量可能已經勉強你一再做出不良的決定千百遍。你的靈魂完美無瑕，不論你正值這個過程的哪個階段。如果你現在認為自己不完美，那是因為你曾經做過隱藏那份完美的事，而導致你看不見。

停止鞭笞自己的時候到了。別再擔心自己永遠與成功無緣，不要以為自己沒有達成目標的命。不要繼續為了往日的決定愧疚。想要轉化靈魂系統，你務必要能夠以某種方式，將這份責任交托給你的靈魂。接受有些事情是在靈魂深處發生的。

例如，花時間思考你如何懊惱自己總與母親起同樣的爭執，而不是去處理你靈魂系統的問題。但是，當你說出，「我想那是受到靈魂契約的影響。我要研究一下！」就表示你在自我諒解上有了進步。

當你承認有更強大的力量在運作，而你僅僅是一介凡夫俗子，你可以犯錯，你便能開始向前走。這一切全是用來輔助你進化的計劃。你正在變換自己的能量，讓能量柔軟到可以展開靈魂工作。當你接納自己，你便準備好大顯身手了。

為了在最深、最有效的層次工作，你需要升級你的指導靈團隊，還要清理你的場域。若是省略這些步驟，你處理的就只是日常習慣，不是靈魂系統。那就像頭痛醫頭，治標不治本。很多人察覺自己有某些障礙，逼迫自己改變行為，試圖藉此排除障礙。但是如果不化解根本的能量障礙，可能反而衍生更多的問題。

只改變行為，沒有轉化在底層驅策你的動力，只會達成表面上的轉變。我們追求的是能夠讓你成長的深刻靈魂層次轉化。我們從處理這些障礙的起因開始工作，從內在啟動真正的轉變。

升級你的地基

為靈魂系統工作奠定穩固根基的第一步，是確保自己與振動頻率最高、意圖最純正的能量合作。我們散發什麼樣的能量，就會吸引類似的能量；這項原則也適用於指導靈的世界。指導靈是由光構成的存有，不曾有過肉身。

每個人都有很多個指導靈，在你的生活中各司其職。某個指導靈或許擔任主要指導靈，協助你處理日常事務。另一位或許幫忙你寫書、做一位了不起的母親，或是從凌虐中活下來。你的指導靈團隊，永遠都為你至高至善的福祉服務，並在你發出請求的時候提供最佳的資訊。

但是很多人都有幾個悄悄溜進我們指導靈團隊的指導靈。祂們不是指導靈團隊的正式成員，而是在我們面臨關卡、憤怒、沮喪、傷心的時刻來到。

你是否曾經向世界嘶吼：「啊！我需要救兵！都沒有人可以幫我嗎？」

你在有自覺或者沒有自覺的狀態下，發送出這則訊息。即使你沒有實際說出口，你的能量也為了你的需求發了聲。

當你這麼做，你便在不知情的情況下吸引了吻合你負面狀態的能量。當你的能量處於低頻狀態，你會接受振動頻率低的能量，因為在那個當下，那種感覺很暢快，但是你要記住，振頻愈低的能量所含有的純淨聖光也愈少。這些振頻低的能量自然會降低你整體的振動頻率。

你要與振頻最高、具備百分百聖光的指導靈團隊合作。當你吸引來的不具備百分百聖光的能量，便是在扯自己的後腿，信賴不純淨的能量來指引你，並且直達靈魂的最深層次。如此一來，日後必然會冒出更多的障礙，妨礙你前進，引發許多的挫敗。

萬一有負能量在引導你的話怎麼辦呢？幸好，擺脫這些跟屁蟲比多數人想得容易。而且效果保證。你只要勤快一點，做好一項簡單的任務，就是：升級你的指導靈團隊。

光明召喚術

十年前，我在一個工作坊學到升級指導靈團隊的觀念。這屬於進階的清理技巧，是我們課程中的選修項目。學員大多都沒有選修，這堂課卻深得我心。我自行擴充這項技巧，最終應用在我的客戶們身上。

後來，我在琳・葛雷朋（Lynn Grabhorn）的著作《親愛的神！這是怎麼回事？》（*Dear God! What's Happening to Us?*）看到幫助人們重新設定指導靈團隊的方法。起初，我請客戶使用葛雷朋的召喚文。這些年來，我依據自己接收到的指引，設計了「光明召喚術」。（取名為光明召喚術是因為，這就是這項技術的用途：把光召喚過來。）這項技術可以提升能量，以便進行靈魂系統內的工作。光明召喚術是為靈魂系統工作奠定穩固根基，最簡易、也最有效的方法之一。

以這項技巧升級個人能量的效果很驚人。儘管很多人鑽研過靈性原則和能量技術，學習成果卻可能不了了之。這是因為他們沒有意識到，他們的指導靈團隊充滿了光。我寫下六則召喚文，供各位以最高的振動頻率來校正自己。在開始運用這項技術之前，請詳讀每一則召喚文的內容及用法。

六則召喚的用法

基本上，六則召喚文只召喚最純粹、最高頻的存有、事件、經歷，和指導靈。當你重新調整自己的聖光及環繞你的光，你會發現靈魂系統工作變得順暢許多。你可以信任自己的直覺。你會得到更多有意義的體驗，也比較清楚那些意義。最棒的是與你合作的指導靈團隊，絕對會以你至高至善的福祉為重。

根據我多年來的通靈工作及使用光明召喚術的經驗，我發現對大部分人來說，光明召喚術連續施行四十天成效最佳。有些人喜歡以直覺決定天數。兩者皆可。請在最後一天評估自己的進展。你覺得自己經歷了很多變化嗎？你的感覺好不好？大不了你就繼續練習這項技術。憑直覺判斷你還需要持續多久。

以宏亮的音量唸出這六則召喚文的效果最好。如同本書的工具和流程，字句的振動可以提升練習的成效。而做完這六項召喚只要兩分鐘。開口召喚的地點並不重要；如果你需要避人耳目，即使把自己鎖在浴室裡做也無妨！

持之以恆地進行召喚也非常重要。你的能量會一天天地累加。中斷一天，便會打斷能量流的挪移與發展。萬一你錯過了一天，請歸零從頭來過。能量不會受到愚弄，誤以為你決心改變自己。不認真執行這些步驟，你就不會脫胎換骨！

在執行光明召喚術期間，你會發現生活情況確實轉變了，有時甚至是劇烈的變化。一開始可能會有一些混亂和騷動，但是請持續下去，這類情況便會消退。

習題　六則召喚文

首先召喚你的指導靈團隊。如果你已經會召喚了，請以平日的做法召喚祂們。如果你不清楚怎麼做，只要說一聲：「我現在召喚符合百分百聖光的指導靈團隊，協助我今天的工作。」

想像你看見、聽到或感覺到指導靈團隊圍繞著你，協助你召喚光。

請大聲地唸出以下六項對光的召喚：

①憑恩寵的力量，我意識清醒地聲明，我重新設定各個層次的整體存在，調整為與百分百的聖光相符，**就在現在**。

②憑恩寵的力量，我意識清醒地聲明，我重新設定我的意識及無意識、最高層次的自我、肉體及各個能量體，調整為與百分百的聖光相符，**就在現在**。

③恩寵的力量，我意識清醒地聲明，我的指導靈團隊成員一律都是與百分百聖

光完全相符的存有，**就在現在**。

④憑恩寵的力量，我意識清醒地聲明，在我過去建立的所有靈性連結中，凡是不符合百分百聖光的連結一律予以釋放，以圓滿各方至高至善的福祉，**就在現在**。

⑤憑恩寵的力量，我意識清醒地聲明，我重新設定周遭的環境，永久調整為與百分百的聖光相符，**就在現在**。

⑥憑恩寵的力量，我意識清醒地聲明，只有完全符合百分百聖光的存有、能量、體驗，可以獲准進入我的能量場，**就在現在**。

召喚光明的結果

很多人不願信任直覺。他們很難相信宇宙會依據他們的請求，提供相符的體驗。連要他們相信自己都很難。既然你的指導靈團隊升級了，也和你重新建立連結，你會發現自己比較容易收到直覺的資訊。此外，訊息會更精確，因為你將訊息的來源限定為振動頻率最高的存有。

當你翻新自己的能量場，你會覺得更能信賴直覺。你吸引來的混亂會變少，生活中的大小事可能會開始變得平順。這是因為你擺脫了負能量的干擾。當你、你的指導靈團隊、你周遭的能量，都調校到較高頻的振動，你追求的人生也比較容易成真。

但是在重新設定的期間要留意一件事。儘管成果既正向又能改變人生，過渡時期或許有點可怕。你可能會發現多年來都很平順的事物突然生變，有時會讓人嚇破膽。

我第一次做完六項召喚之後，預約個案的客戶人數一落千丈。我魂都飛了。後來才發現，客戶流量變動是因為我曾無意間招來低頻能量。這些低頻能量協助我吸引振動頻率低的客戶，為他們服務並不愉快，也會讓我對生意感到焦慮。但是我完成光明召喚術幾週之後，振動頻率較高的新客群上門了，他們和我比較有共鳴。

這正是我的初衷，儘管一開始我並沒有意識到。有時，你可能會覺得光明召喚術害你失去你重視的事物或人，但是請不要恐懼，繼續執行召喚。不論你失去什麼，自然會由符合振動頻率的人事物遞補，而且比原本的好很多。

還有，不必等完成四十天（或任何直覺選定的天數）的召喚，便能進行靈魂系統工作，但是這六項召喚是靈魂工作的必要手續。你持有的光愈多，在駕馭契約的過渡期當然就愈順利。光明召喚術會與你攜手同心，陪伴你進行靈魂工作的各個步驟。當你進入召喚的程序，你便可以開始打造你的能量地基，也就是你的下一步。

你的能量場

既然你現在與百分之百神聖、正向的能量合作，你便可以著手重新設定你的地基。能量場乾淨的人，身心都比較輕盈。他們較常體驗到快樂和希望，也比較容易感知自己的情緒。而這又回頭提供了穩固的能量基礎。有了穩固的能量基礎，你做的決定也會比較明智。如果你打算進行靈魂層次的調校工作，你會需要做出明智的決定。把這個過程想成闢出一條路，直達你個人問題的核心。如果你的路線不明確，你永遠找不到核心的議題。

剔透的身、心、靈是靈魂系統工作的理想狀態。這表示我們要照顧肉身，也要照顧能量場的狀態。

環繞你身體的能量一共有好幾層：能量、肉體、心智、情緒、靈性。這個能量場占據你全身上下及身體四周三到四呎的空間。這是極度敏感的系統，它會影響你的思緒、感受、情緒、決策、行為，而你毫不知情。盤據在我們能量場的這些能量，離我們最近、也最舒服。我們仰賴這些能量，這些能量才會變成伸手可及。

不妨這樣想，假如你懷中抱滿了紅色的球，這時有人請你隨便想一個顏色，你大概會想到紅色。或者你會想：不要紅色，任何紅色以外的顏色！無論如何，你第一個想到的都是紅色。你能量場內的能量也以相同的方式運作。它們從潛意識引導你採取特定的想法、行為、習慣。

占據你能量場的能量有哪些種類？

這些是你吸收、吸引而來的表層能量。你的環境是由你周遭的人、情況、事件、萬物給人的感受所構成的，這些其實都不是你的一部分。很多人比自己認知中的更敏感，他們吸收周遭的負面情緒與能量，卻渾然不覺。

幸好，這些環境中的能量並不深厚，要清理乾淨、重拾平衡會比靈魂契約及種子思想容易得多，但是那不表示你可以等閒視之。個人能量場中的負能量可以影響你的每個思緒、決定和感受。這可能導致你把生活處境的險惡、艱難程度，誤判為比實際上嚴重得多。所以你務必要平衡自己的能量，釋放對你不再有益的能量，你才能進行靈魂層次的工作。

卡在你能量場中的能量，是以下的其中一種或多種：

- **混亂的能量**：這是人最常在不知情的情況下，吸附到自己能量場內的能量類型。你是否曾經看過人家鬥毆叫囂，即使你退避三舍，卻仍然覺得生氣或消沉？這是因為你吸收了鬥毆的負能量。你是否曾有沮喪的朋友打電話大吐苦水一小時，你掛斷電話之後也覺得很沮喪？多數人都很訝異自己揹負了多少混亂的情緒。擔憂、焦慮、壓力、抑鬱、恐懼是最常見的種類，但是多數人也會吸引其他類型的情緒。

- **信念系統：**信念自有其能量振動，或者說頻率。與低頻的想法（諸如，報仇雪恨）相關的信念可能被你的能量場吸收。然後，信念系統又導致你持續援用那種低頻振動。你可能從別人、個人經歷、甚至書籍和電視，接收信念系統。

- **負能量：**你可以從一個地點、一段經歷、甚至電視節目接觸到負能量。多年前，我常在入睡前觀賞一個犯罪偵查節目，醒來後總是納悶自己怎麼情緒那麼低落。負能量的振動頻率低，會持續拉低你的頻率，直到你與它相符。如果你的能量場內有這一型的負能量，你會情不自禁地傾向負面思維。一如其他類型的能量，負能量會吸引更多同種類的能量來到你的生活當中，進駐你的思維。

•干擾或靜電能量：干擾型能量是在你的一舉一動中造成靜電干擾的能量。它堵塞你的思路，破壞你清明的感覺，尤其是你的直覺。

最近我有一位朋友說，她不得不搬出她的新公寓，因為公寓的隔壁棟就是手機基地臺。她搬進新家後不久，便覺得思緒混亂，容易疲倦、生氣。最後她恍然大悟，她將基地臺的干擾能量吸進自己的能量場了。

居住在機場附近或飛機會從住處上方經過的人，常常會吸收到干擾能量。這種現象往往遭到忽略；身為適應力強的物種，我們常在習慣了這類型的干擾之後，便置之不理。在能量層次上，干擾型的能量是絕不能忽視的能量。

•電磁場：電磁場是由手機、筆電之類的電子用品發出的。電磁場在我們的能量場造成靜電，可能導致睡眠障礙、思路模糊不清、悶悶不樂等等。想徹底清除你能量場中的電磁場是可能的，但是持續暴露在電磁場下可能造成長期的負面影響。要解決電磁場的問題，睡覺的時候應該距離電子用品至少八呎，平時可以不用電子產品就不用。我明白這不容易，我自己也沒辦法徹底做到，我愛死了我的 iPhone！但這是減少電磁場進入你能量場的最佳辦法。

- **程式制約：**這種能量非常鬼祟。多數人在童年吸附了這種能量，因為小時候容易受到別人影響。我見過許多人為了一分耕耘一分收穫的程式制約所苦。如果你在童年接收了這個程式制約，你的老闆大概也會期待你每星期工作七十到八十小時。聽起來很耳熟嗎？很多人會將程式制約納入自己的能量場，並且簽下相關的靈魂契約。

能量的種類繁多，不只我列出的這些。希望這些基本資訊能協助你辨識、並清除你遇到的各種能量。最重要的是要能覺知到自己的能量場，盡力清理乾淨。

能量場容易受影響的程度

為何有些人會將周遭環境的能量一網打盡、全部吸收，其他人卻不會？這全是心靈感通（empathic）的關係。

具備心靈感通能力的人，儘管他們本身沒有面臨相同的情境，但是可以感受到別人的情緒。如果你曾走進過一個房間，感覺裡面的氛圍令人毛骨悚然，或者沒有原因的討厭你第一次見到的人，而人家根本連一句話都沒說過，那麼你就有心靈感通的能力。想像你和一位為了離婚手續而倍受煎熬的朋友講電話。她大吐苦水，說丈夫如何惡毒，哭訴這場決裂對孩子們的影響。同時，你以傾聽的方式支持這位朋友。你充滿同情，你想幫忙。你很憤慨她先生對她不公道。你擔心她和她的兒女該怎麼辦。這通電話講到最後，你覺得自己已經完全明白她的心聲了，也幫助了她——好歹，你讓她有哭訴的對象。最後你掛斷電話，心想：呼！我累壞了！

這是心靈感通的完美例子，你剛剛花了一小時，把朋友的負能量吸收到自己的能量場內。

現在誇張的來了。她感到悲傷、寂寞、生氣，認為老公害慘了她。你聽她傾訴，慢慢地涓滴吸收她的能量。於是，你的朋友心情舒坦些了，你很開心自己幫助了朋友。但是現在你講完電話，能量場內充滿了混亂情緒，然後你在家裡來回走動、你去工作、你去開車。

當外界能量進入你的能量場，感覺可能如同自己的能量或情緒。

例如，與朋友講完電話，你大概滿腔悲憤，說不定甚至因此拿家人開刀。問題在於那不是你的感受，只是很像你的。如同前述，人往往取用最容易取得的能量。如果你自己的能量場裡挾帶著朋友的哀傷欲絕，你對自己生活的反應將會模擬相同的情緒。多數人不知道自己允許別人的情緒與能量進入自己的能量場。事實上，我們的社會教導我們，這是最古道熱腸、最樂善好施、最撫慰人心的人的待人處世之道。

（希望，你正在重新思考這種迷思。）

練習 我的能量場是不是不乾淨？

如何知道自己的能量場不清爽？如果你以前沒有清理過，能量場大概就需要清理一下。我們的文化期許我們吸收別人的能量來助人。因此，開始清理靈魂系統的人，大部分能量場都不乾淨。以下列出一些能明確判斷個人能量場狀態的徵兆：

①你是否在三更半夜醒來擔心與你無關的事？你為世界和平憂心？煩惱經濟現況？假如你為那些無力控制的想法、人、地而焦慮，就表示有外來的能量被你吸引來了。

②你很容易分心嗎？比如，你正在寫書，而外面開始下起雪來，在窗外飄落的雪花是否會讓你完全停下寫作？如果你在進行一件細節繁瑣的專案，你思緒是否會不斷地飄走？我們很容易將許多教人分心的能量吸引到能量場中。

③你覺得跟自己的身體失聯了嗎？多半時候你都在想東想西，但是幾乎不會想

到自己的身體？每天早上換衣服的時候，你會著墨自己的造型嗎？如果你接收了讓你不關注自己的能量，這些就是徵兆。

④是不是有哪個情緒就像一張濾網，過濾你的一切經歷？例如，你是不是只能透過焦慮的觀點理解一則新的資訊？這種模式可能就表示，你採用了別人或在你之外的某物（例如，電視節目）的焦慮心境。

⑤你覺得不管到哪裡，都會遇到雞飛狗跳的事嗎？很多能量場不清晰的人感覺得到自己缺乏清晰感，即使他們也說不上來到底哪裡不對勁。如果你的能量場不清明，事事永遠沒有章法，周遭的世界也會有點失控，諸事不順。當然，靈魂契約可能影響了這種一團亂的感覺，但是在你判斷癥結所在之前，先清理你的能量場。

即使你只是疑心自己的能量場可能不太乾淨，事實上八成就是不乾淨。

清理能量場不是一勞永逸。總是會有影響人的能量進入你的能量場，因此清理能量場應該是長期的保養工作。我常常清理自己的能量場，如果我發現自己的能量場非常不乾淨，我不會怨怪自己。我只會慶幸自己察覺了異狀，然後著手清理能量場，繼續過日子。

你的相關經驗愈豐富，就會愈快察覺徘徊不去的外來能量，愈快察覺也就愈容易移除。身為人類，不表示我們的言行舉止必須完美無瑕。

練習　能量場清理術

這項練習涉及你的能量、意圖，宇宙。你要下達清理的要求來淨化你的能量場，向宇宙聲明你要求完成的事項。除非你明確地聲明你的意圖，並請求宇宙幫忙，否則清理的祈願不會奏效。私下獨自進行也會有所幫助。

①找個大約十五分鐘都不會有人過來的安全隱密地點。這個空間要可以供你隨

意發狂、講最詭異的話，都不會有人聽到，也不會有人來打擾你。手機和電郵也應該關閉。因為我很清楚每次手機一響，我的心就立刻飄走：「哎呀！是誰在找我？」因此，最好乾脆斷絕誘惑。

②我建議環境徹底安靜。音樂含有音符的振動頻率，還有作曲家及演奏者的振動頻率及意圖。我們不要在你的能量場增加任何額外的頻率。我們要清潔溜溜地。

③召喚宇宙。你可以說出簡單的召喚文，例如：「我現在召喚百分百聖光的指導靈團隊，來幫助我今天的工作。」運用想像力是與能量合作的最佳方式之一，因為想像力解放你的侷限，所以在召喚宇宙之後，用一點時間想像宇宙回應你的要求，以及得到回應的感覺。像個小朋友那樣想像，不帶任何批判，並且細節豐富。

④請大聲地要求清理你的能量場。你說的話會承載符合你祈禱的振動頻率。宏亮地聲明你的要求，會比只在心裡默唸有效。

接著，我要分享我工作的時候使用的能量場清理祈願文。你要知道，這些文句並不是制式的規定。等你習慣了這一類的溝通之後，歡迎你修改詞句，寫出你覺得最適合自己的個人版本。這是給你的範文；三年後，你大概不會說出一模一樣的清理祈願。尊重你的直覺；如果這篇祈願文有哪一部分讓你心煩，尊重自己的感覺。也許就表示你需要修改個人祈願的文句。一開始，最好原封不動地使用我寫的清理祈願，直到你熟悉了如何清理能量場。現在，你可以運用能量場清理祈願文了。以下是要朗聲誦讀的清理祈願：

凡是在我的任何層面以任何形式干擾我的全部負能量，請一律徹底釋放，就在現在。凡是與我連結的負能量一律予以阻斷，而我因為這些連結而締造的一切靈性依附及情緒依附，也全面徹底釋放。請用光消融這些負能量，回歸源頭，以謀求所有人至高至善的福祉，就在現在。謝謝、謝謝、謝謝。

朗誦完祈願文之後，安坐個一、兩分鐘。花時間細細地體會這一刻帶給了你什麼，而你又釋放了什麼。假如有任何立即的效果，也會很幽微。這項練習不會給你脫胎換骨的蛻變，而你尋求的是細微的變化。很多進行清理祈願的人沒有連結到個人能量場的頻率，不會注意到能量場的變化。如果你毫無感覺，你只是還不知道該留意什麼跡象，或不會解讀跡象，而不是祈願失效。假以時日，漸漸地你能夠偵察到你的清理祈願奏效了。

以下列出從能量場釋放干擾的能量之後，常見的一些典型變化：

- 暈眩
- 頭昏眼花
- 手或任何身體部位覺得刺刺麻麻的
- 靜寂
- 舒放感

- 肩膀壓力變小
- 胸口壓力變小
- 腹部壓力變小
- 太陽好像突然出來了——房內變亮了
- 想哭的感覺
- 有希望的感覺
- 感到恬靜或比較不混亂
- 身體周遭的空氣靜寂下來
- 安靜
- 祥和
- 疲倦
- 興奮
- 呼吸比較順暢

以上這些感受有的似乎令人討厭或不舒服（例如，暈眩），但是別因此怯步，而決定不要透過清理能量場來建立穩固的地基。清理能量場的副作用只會維持一分鐘左右。如果你是敏感人士，這些感受最多維持五分鐘。

對大多數人來說，清理能量場的完整效應大約要五到十分鐘才會浮現。在這段時間內，如果你保持安靜，專注在自己身上，不查看電子郵件、不講電話，釋放的效果會較佳。這是你的個人時刻。你在重拾主權。這是你的能量、情緒、能量場，別的能量沒資格搭你的便車。

完成祈願幾分鐘之後，檢視自己的狀態。你是否舒暢一些？還是和之前沒兩樣？如果做完能量場清理祈願之後，依舊覺得阻滯、緊張、混亂，你可能沒有清理到能量場。

我見過很多時常做這個練習卻說無感的人。他們對我說：「丹妮爾，我每天早上起床，就照妳教我的方法清理能量場。睡覺前也做一次。妳教我的我全都照辦了，我照樣覺得日子很辛苦！」

我發現會說這種話的人，通常恪守規則。他們相信如果做到別人說的每件事，遵循規定的做法，一切便會水到渠成。問題是，進行這項作業的時候我們必須真心投入，不能只是嘴巴唸一唸祈願文。假如她在早上趕著上班的時候進行能量場清理祈願，她就擠不出改善能量場狀態所需要的時間與專注力。

清理能量場不是做了就算數。如果你做了，你的情緒或能量卻沒有實際獲得提升，就是你不夠專注在清理祈願這件事，或者你本身不專注。

我工作及教課的時候，見過很多行禮如儀地進行祈願的人。他們學習靈性原則的時間往往長達數年，遍覽群書，訪遍了坊間每一位自助領域的上師，建立起包含二十種不同練習的每日功課，天天照表操課，想讓自己的日子過得舒服一點。

這些人大部分不會停下來捫心自問：「這對我有效嗎？」或者「我從今天這項練習裡受惠了嗎？」而是聽從在他們的人生路上宣稱「這是療癒之道！這要天天做！」

的諸多教師、書籍、課程。他們不理會個人的能量和情緒在說：「嘿，夥伴，慢下來。你根本沒給自己努力釋放的機會嘛。」

如果你做了能量場清理祈願卻毫無效果，請檢討自己的專注程度。你練習的時候是全神貫注的嗎？還是有點心不在焉？你是否從行事曆挪出充足的時間，讓自己能平心靜氣地做十五分鐘的能量場清理？清理能量場不能敷衍了事。那樣不如乾脆不要做。你的能量很精明，它清楚你是認真的，還是你只是跑一遍流程而已。因此，如果無效的話，就停下來重新來過，這一回你要集中精神。

練習 藍光泡泡

現在，我們來介紹一個能協助你停止吸收（或吸收較少）別人能量的練習，幫助你維繫住前面那些練習的成果。這是為靈魂契約工作奠定穩固根基的一環，表示啟動五歲小孩模式的時候到了。

在這項練習中，回想你的孩提時代。童年的你心胸開放，願意接受新的事物。在赤子之心的心理狀態下，你不在乎別人的看法，你不會自我審查，只要那是好玩的事，幾乎凡事都願意嘗試。如果你能駐留在那種不自我審查、單純地順勢而為的模式，你做這項練習的效益就會達到最大。

請想一隻紫色的狗狗。接著，想著一輛有黃色座墊的三輪車。想著一隻萊姆綠的貓。你看出來了嗎？這項練習只請你運用想像力。如果你卡住了，你就太拚命了。去翻個筋斗吧，或是在你的辦公室裡跳一跳。做點什麼來提醒自己這很好玩！然後，再回來重新開始這項練習。請用盡一切辦法，別再那麼嚴肅啦！

這項練習的用意是，為你建立一道能夠抵禦周遭能量的善意能量柵欄。倒不是要將你的周遭環境封堵在外，而是給你一道濾網，讓你更能全然地體驗周遭的事物。這項練習就像太陽眼鏡，太陽眼鏡保護了你的眼睛，同時允許你看見東西。

①先確保自己心平氣和。也許你需要到浴室（通常是平靜的地方）或你的車上獨處。我有一些客戶在家中沒有私人的空間，他們可能會鑽進衣櫃之後關上櫃門，或是獨自出門散步。待在平靜的地方很重要；你得待上幾分鐘，確保那是讓你舒適的空間。等你找到清靜的地點，放鬆心情，準備就緒再進入下一個步驟。

②這時，很多人喜歡召喚指導靈前來協助。如果你沒這種偏好，只要坐著感受平靜就好。如果你喜歡與指導靈、天使、靈體合作，想像祂們此刻就在你身邊，準備好輔助你進行你的祈願。如果你不清楚怎麼做，只要說：「我現在召喚符合百分百聖光的指導靈，前來協助我今天的工作。」

③現在，觀想一顆美麗的藍光泡泡，泡泡大約六呎高、三呎寬，盤旋在你前面。想像這顆大泡泡散發出一派祥和的氛圍。感覺，你可以放心地看看它、摸摸它。用二十秒左右這麼做。

④觀想這顆藍光泡泡向你靠近，愈來愈近，最後包圍你。如果你與指導靈合作，

請祂們幫忙把泡泡調整到最適合你的尺寸。

⑤坐一會兒。一如世間萬物，想像力是能量。這顆泡泡在能量層次上是真實存在的，對你、你的身體、你的情緒、甚至你的心智功能都能發揮實質的效應。留意你置身在泡泡內的安全感、寧靜感。唯一能輕易通過這顆泡泡的能量是愛。愛可以進進出出，流向你，再從你那裡流出來。這顆泡泡內充滿了正向的感覺。

⑥感覺到這顆泡泡對你的效應就可以了。如果你毫無感覺，你在進行這項練習的時候大概是分心了。等到你能集中精神的時候，再試試看。

這項練習是協助你建立一個和善的屏障，時時刻刻抵禦出現在你周遭的能量。不論這些能量是來自朋友、電視節目、令人哀傷的書籍，或你察覺到世界其他地區的艱難處境，這顆藍色泡泡都會幫助你避免吸收這些能量。藍色泡泡有效包覆你的時間是兩小時，因此你儘管忙你的，不用管它。泡泡的強度在建立大約兩小時之後便會減弱，屏蔽的效果會變得很差。

當你初次體驗到不再把每個能量訊號都照單全收的滋味，或許你會想要時時刻刻都待在藍光泡泡裡。但這不是藍光泡泡的用途。你知道自己在某些情況下，很容易把其他能量吸引到個人的能量場內，這時藍光泡泡便能夠幫助你。最普遍的用途是抵擋來自某位親友的能量，但是也可以在你去雜貨店或曲棍球比賽時使用。我建議客戶們每次要到人多的地方，或面對壓力大的情境，都使用藍光泡泡；很多人一旦情緒變得強烈，就會比較容易吸收外來的能量。

看得出來，奠定穩固的根基滋事體大。現在你有好幾個重要（但有趣）的工具來幫忙你打好基礎。當你將自己的肉身、能量、靈性層面都納入你的地基，進行靈魂系統工作、駕馭日常生活，都會變得比較容易。太多人將缺乏清晰、混亂的能量，視為正常生活的一部分，但是根本沒那個必要。更何況，只要三兩下就能讓自己感覺堅強、明晰、穩固起來。

第6章 整頓你的靈魂——

步驟二：啟動你的覺知（上）

既然地基打好了，接下來就應該來感受一下靈魂系統內的情況。覺知的第一步驟，就類似木匠展開新工作之前看樓層的平面圖、木工，及工具狀態。沒有這些資訊，木匠連該從哪裡開工都不知道。你也一樣。你的障礙在人生的哪一部分掀起最多騷亂？現在什麼狀況最常扯你後腿？你想先處理哪部分的生活領域？你有什麼種子思想？透過覺知，你將能辨識出這一切。

覺知步驟的成功關鍵，主要是你必須投入這個過程；但是還有其他因素。在這個步驟中，你要先從不同的角度檢視人生。當你這麼做的時候，你會發掘一些以前壓根兒不知道的個人資訊。事實上，當人們終於發現個人障礙的根源比他們原本想得更深層，或察覺障礙的本質其實跟自己想得有所出入，多數人會經歷振奮豁然開朗的階段。你如何面對這些新觀點將會左右你的進展。顯然，排斥這些新觀點會拖慢你的腳步，而欣然接受將加快你的進程。

在覺知步驟中的頓悟極有助益。每一個頓悟不只為你提供資訊，同時也開始鬆動相關的根源信念系統內的靈魂契約。在阻滯的領域出現鬆動的能量，正是我們想要的效果。

要順利進行覺知步驟，你得對自己受阻的領域有大致的瞭解。這並不難，你拿起這本書的時候，大概已有掛心的障礙了。我們也在第一章列了障礙清單。或許你會發現你的障礙跟自己想得不同，但是現在暫時從你知道的部分下手。你也需要辨識根源信念系統的元件（說不定你已經看見全貌了）。你會在本章學會怎麼做到這一點。你也會學到如何挖出將靈魂契約錨定在靈魂裡的種子思想及混亂情緒。

覺知步驟可能三兩下便完工。也許你只用五分鐘便釐清你的根源信念系統、障礙、根本的種子思想。也或許需要更久一點的時間。因人而異。

你願意多深入探索自己？你的根源信念系統有多複雜？你會抗拒把一切攤在檯面上嗎？步調由你作主。你在有意識、無意識，以及在靈魂層次影響自己開挖的速度。不要因此氣餒，要知道靈魂正在協助你以適當的步調認清自己、做出改變。進展得太快的話，你只會體驗到表層的轉變。

我最近在臉書上主持靈魂契約日的活動，請人詢問我關於靈魂契約的一般問題。活動的目的有二個。第一個是，我要提供一個安全的空間，可以讓人詢問關於出生後靈魂契約的各種誇張問題，尤其是那麼多人將出生後靈魂契約與關係靈魂契約，混為一談。另外，我想知道最熱門的靈魂契約相關問題是什麼。最常問的問題是：我要怎麼做才知道自己的靈魂契約？

辨識靈魂契約的四個方法

釐清出生後靈魂契約的方法有四種。或許你會發現自己不只一份契約；這很正常。當你辨識出這些契約，哪一份最重要、最需要優先處理，便會一目瞭然。你大概要先釐清主要是哪一份靈魂契約在作怪，但是你要敞開心胸，你極可能有很多份靈魂契約。處理一份契約，會打開通往其他契約的大門。

方法一 你多半心裡有數

這是辨識靈魂契約最簡單的方法。其實，你會拿起本書，大概是因為你覺得自己在某方面遇到阻礙。記住，如果你覺得自己遇到阻礙，應該就確有其事。

回想你當初拿起這本書的原因。婚姻令你挫敗嗎？你擔心人生停滯不前？你苦惱於自己一再選擇同一種惹人厭的男人？你必然是掛慮著某件事，才會受到本書的吸引，這是一本協助你發掘隱藏的人生障礙的書。回想你的初衷。這個「初衷」就是你尋找靈魂契約的起點。

接下來，我們來看我的客戶安妮卡的例子。她登門求助是因為她滿心淒楚，怎樣都看不出自己能帶給世人美好。她告訴我她卡住了，她無法感受到幸福。她想不起來自己何時開心過，她知道自己受到阻礙了，無法在人生中由衷地感到快樂。（我很愛聽到客戶說這種話，因為這表示他們已經展開靈魂工作了）

協助安妮卡奠定地基之後，我們開始探索讓她一直兜圈子的靈魂契約。我請她說明她認為自己在哪方面寸步難行。她說不只一個方面，而是各方面。她在工作上快快不樂，因為她想要更多揮灑創意的自由。她的婚姻不美滿，因為先生貶低她、批判她、不尊重她。她細數著許多不愉快的事例。

當我請她談談過去，她娓娓道出一段缺乏妥善照顧（身心皆是）的童年，父母對她不理不睬。我們談論起她最初的記憶，安妮卡將她三歲的感受連結到她如今的心境：悲傷、對世界失望、被遺棄。在記憶中，母親告訴她，她們要搬到南美，然後不帶她就走了。

安妮卡記得自己在那小小年紀，就判定母親沒帶她到智利，是因為自己不夠好。三歲的時候，母親遺棄了她，她很失望自己的需求沒有得到滿足。她以為自己配不上母親或神的關注，因為她就是不夠好。我們做個案的時候，安妮卡察覺自己在三歲就斷定快樂是不可能的事。她因為童年無力控制的事情而深深地悲傷。安妮卡辨識出她根源信念系統的一個重要元件：一份「我千萬不能快樂，才不會失望、傷心和痛苦」的靈魂契約。

多數人對障礙在哪裡了然於心。只要一點點直觀的邏輯與對靈魂系統的基本瞭解，就能認清現實情況。你知道自己是否卡住了、著魔了、操心過頭，或者做出無益的決定。你知道自己哪裡受到阻礙。花點時間辨識，障礙是否滲透到其他領域，或單單出現在一處？多數人會發現自己的障礙影響生活的全部層面，即使他們只想處理某一個領域。後文我們會再詳談。

方法二　重複的模式

另一個覺察根源信念系統元件的方法是檢視重複的模式。靈魂契約慫恿我們採取某一套作法，通常不是最健康的作法。即使不想做某些決定，我們照樣那麼決定。例如，很多人一再選擇不健康的愛情關係。有的人因為總被老闆占便宜而頻頻換新工作，但是最後又落入相同的處境。我看過創業五、六次統統以失敗收場的人。反覆出現的負面模式，大可視為指向一份靈魂契約的箭頭。

我的客戶貝翠絲就是這種人。她持續選擇跟讓她疲憊、怨憎的人做朋友。她最要好的朋友不分晝夜地打電話問她意見、她母親一聲招呼都沒打，就把狗狗寄放在貝翠絲家裡一週、她的同事們借用她工作上的人脈，卻沒有任何回饋。

貝翠絲向我求助的時候，已準備將每一個人逐出她的生活，她只想圖個清靜。我問貝翠絲對自己周遭的世界有何觀感。她說每個人都是混蛋。她已經學會在生活裡小心戒備，因為每個人都只想要「拿、拿、拿」。

「啊哈！」我說。「妳找到妳的模式了。現在妳知道從哪裡下手了！」她當然不如我振奮。她仍不明白為什麼揪出這個模式如此關鍵，因為找出模式可以披露她的靈魂契約，並發掘她內在的神聖光輝。

貝翠絲的模式是協助身邊的每個人。她總是為別人找到超棒的人脈機會，為人兩肋插刀，照顧別人的寵物，傾聽別人的問題，但是她從不求回報，也不期待得到報償。在她的經驗中，她發現多數人不會伸出援手；而且即使別人真的想幫忙，她也絕對開不了口，因為她不想麻煩別人。既然她辨識出自己的重複模式，發現自己常常不等別人開口就幫忙，也不期待回報，我便要貝翠絲繼續思考，是怎麼樣的靈魂契約導致這種負面模式。

思量一番之後，她說，她相信自己的靈魂契約是必須為別人做事、付出，才能贏得別人的愛。就在簡短的討論之後，貝翠絲輕鬆地辨識出一份相關的靈魂契約：「為別人付出來得到愛。」

她繼續檢視自己的靈魂系統，發現根植在根源信念系統內的其他靈魂契約。這些契約是關於脆弱（我必須避免自己覺得沒安全感）、閃避愛（我過度付出，以免因為得不到回報而失望），及其他信念。

花一些時間檢視讓你覺得不舒服的那些生活領域。是財務？職涯？愛情？自我價值？癮頭？尋找出重複的模式。這會是洞悉你最迫切的障礙的第一條絕佳線索！

方法三 不相干的線索

另一個覺知靈魂契約的方法是走後門。這個難度比前兩種方法略高，如果你能掌握這個方法，你便能發掘出更多關於自己的資訊。

現在，你知道契約造成的障礙多半不會只出現在一個領域。有時，在尋找靈魂契約的時候，或許會發現不相干卻能讓你更深入的線索。運用這些線索，或許你會察覺絆住你的不只一份契約，也或許阻礙你的契約與你想得不一樣！比如，我見過以為自己有金錢障礙的人，但是當他們用這一招深入挖掘，卻察覺自己的障礙其實關乎所有形式的支援。

當你找到一份靈魂契約，別忘了找找其他的契約。靈魂契約在我們的根源信念系統裡往往是成群出現。這是因為我們做事鉅細靡遺！我們試圖主宰人生，避免再次體驗到種子思想，而不信任我們內在的璀璨與光輝。

以我的客戶泰芮為例。泰芮找上門是因為她覺得自己有減重的障礙。她一週健身五次，上交際舞課程，也盡力改善飲食，但是體重就是沒有明顯的變化。我們做第一次個案的時候，泰芮很懊惱，因為我沒興趣瞭解她試過的那一長串減重產品和課程。她想全盤托出自己的減重史，但那些都不重要；她沒說出口的事，才是解開她靈魂契約的關鍵。

一開始，我請泰芮描述她的健身運動。她說她有在上一個網路的健身課程，因為課程主持人體格很結實，人又熱心，因此很能激勵她。我請泰芮說明一般她運動的流程，她說通常是做不同的運動三到五回合。然後，她會將自己的成績張貼在那個網站的臉書專頁。

泰芮說，當她看到專頁，她大惑不解：多數人每一回合的操練次數會一次比一次低，但她不是，她每一回合做的次數是逐漸增加。最後一回合通常做最多下。

我要泰芮繼續討論這個奇怪的模式。照理說，隨著身體愈做愈疲累，每回合能做的次數應該遞減。泰芮說著說著，發現自己不會盡力做一開始的幾回合，以防體力支撐不到課堂結束。我問她生活的其他領域是否也出現相同的模式，也就是她會保留實力，以備不時之需。

她大叫：「天啊！這也是我的金錢觀。我不想花錢，就怕以後錢會不夠用！」她又想了想，察覺她也這樣控管手機的使用分鐘數。即使她使用的傳輸量一向都離上限遠得很，她仍然監控每一分鐘，主張天曉得幾時會派上用場。

泰芮發現這個模式影響了其他的生活領域。首先，她發現自己買菜總是步步為營。她不知道自己會需要多大的購物空間，因此即使只採購零星幾樣，也會全部挨挨擠擠地排放在購物車的側邊，以防萬一。她對朋友也有所保留。她不願將朋友的援助消耗殆盡（在她心中，友誼是有上限的），因此不到山窮水盡，她絕不會向人求助。

她甚至從健康狀態看出相同的模式。泰芮的甲狀腺有問題，以致於她總是感到疲累不堪，做事從不動用百分之百的力氣，因為她不知道之後是否需要打起精神忙別的事。泰芮終於揪出她的靈魂契約。最棒的是，她是從看似沾不上邊的生活領域揪出來的。這項阻礙出現在她的健康、工作、健身運動、感情關係。

或許你會對自己說：「是喔，但是我只有跟女人的關係碰壁而已。」或者「我才不是那樣，我只有職涯卡住了。」我鼓勵你更深入地探索。

你能在其他領域發掘障礙嗎？也許是形式更幽微的障礙？工作的哪一部分讓你覺得不順遂？你的上司是否多半不管別人死活，不顧三七二十一，硬要你幫忙？你的生活圈裡也有同類型的人嗎？同樣的模式是否出現在你的家庭生活？家人是否期待你不斷帶給他們人生希望，只因為你曾經拉他們一把？尋找共通點。看似毫不相干的資訊，說不定會是辨識至少一份出生後靈魂契約的關鍵。

方法四　揭露靈魂契約的練習

有人喜歡練習釐清契約。有鑑於此，請準備兩張紙和一枝筆。如果你和我一樣習慣打字，情願用電腦寫也行。只要能記錄你想說的話即可。

接著，你要開始寫作文，總共兩段。或許你急著找出靈魂契約，但是寫太多會消弭後續步驟的效果，反之，寫太少也是。為了精確起見，大約寫兩段。

第一段，描述你自己。在這一段的第一行寫下：**我如何向別人描述自己**。假裝你去面試，必須說明自己是怎樣的人。你有什麼特長？你的職業是什麼？你最珍視自己什麼特質？花幾分鐘寫完第一段。也許你想先口頭講一遍再寫，只要能幫助你寫作，怎麼做都行。誠實地描述自己，想像你真的在向另一個人談論自己。

在另一張紙或第二段的第一行寫下：**我覺得不圓滿的領域**。寫下生活中哪些事的現況不如你意。比如：我總覺得自己工作不夠努力、我的錢都不夠我度假、我覺得全世界都跟我作對。想到什麼就都寫下來。其實你已經知道哪些事讓你覺得自己不如他人，給自己一點思考、感受的時間與空間，然後一一寫下來。

寫完之後，靜靜地坐上兩分鐘。如果你覺得這些段落已經完整，便進入這項練習的下一道步驟。在撥冗確認你對寫好的段落完全滿意之前，不要進入下一步驟。

現在，看看你如何描述自己是怎樣的一個人，與你不圓滿的生命領域清單做比較。比對一番之後，你大概會察覺至少一份出生後靈魂契約。多數人在不知情的情況之下，依據自己的靈魂契約，建立了自認為正向的人格特質。

例如，簽下自己必須向世界證明個人價值的靈魂契約的人，常會描述自己極度負責任或聰穎。他們說自己能破解別人都不懂的問題。持有「我必須控制一切才有安全感」靈魂契約的人，或許會描述自己做事有條理、可靠，掌控一切情況。靈魂契約滲進生活大小事的程度令人咋舌，深到極點，以致於簽下契約的人，根本不曉得靈魂契約其實不代表他們的真實本色。

姑且假設你寫下：「我是周遭每個人的好朋友。即使別人沒察覺自己需要援手，我也會幫忙。每個人都可以仰賴我，我一向很可靠。」接著，我們看看另一段文字來辨識靈魂契約。第二段的文字十之八九提到你覺得沒有人挺你。你覺得孤單無援。當你合併這些觀點，你會發現兩者其實在描述同一件事。你寫的文句明確指出你需要檢視的生活領域。以此例來說，**你必須審視你在人際關係中的施與受，以釐清你的靈魂契約內容**。

善待朋友或追求事業成功本身並不是障礙。很多人自然而然地採取這些行為，這很棒。這些行為連結到他們的個人光彩，而在這種連結中，他們樂於助人或追求工作上的滿足。但是以我們的目標而言，重要的是這些行為所回應的需求類型（亦即，「我必須成為最厲害的人，我才能對自己滿意。」或者「我得對朋友好一點，別人才曉得我的心地真的很善良。」）。我有很多客戶以樂於付出、待人體貼自豪。他們身邊的每個人都很感謝他們的作為。但是當他們深入檢視自己的時候，他們察覺自己慷慨大方的目的是為了減輕痛苦。只要痛苦存在，靈魂契約便會持續破壞這些正向的行動，降低他們的振動頻率。

繼續比較這兩段文字。將兩段文字並排在眼前，尋找線索。真相是你的善良、完整、幸福、圓滿、平靜、純淨，世界給你的支持並不是取決於你從事的職業、採取的行動、別人對你的觀感、你做事多有條理或者其他條件。這些是普世的支援系統，是你生活的自然環節，當你相信自己的光芒、並發掘自己內在的光彩。

你是美麗的靈魂，不論你這一生做過什麼決定。靈魂契約、根源信念系統、種子思想，在在掩蓋你內在的光，但是當你一個個予以駕馭、釋放，你會發現自己內在的神性。因此，運用這兩段文字發掘你不相信自己內在的神性，而在哪些地方付出代價。如此，發掘靈魂契約便會容易許多，你會看到「真正的絆腳石」是什麼。

當你確實揪出至少一份出生後靈魂契約，那可能是在電光石火的重大頓悟。發掘靈魂契約的過程，也可能是許多微小的小小領悟涓滴累積而成；這也無妨。只要能讓你覺知到契約的存在，就是適合你的完美方式。不管你的領悟是大是小，都能助你一臂之力。

如果你花時間做了這項練習，這是好徵兆，表示你也願意進行下一個步驟的深度自我探索，披露你的種子思想。假如你沒全心投入這項練習，還說：「寫個兩段話能讓我認識自己多少？」這些我可以理解，但是你也許不該進入下一個步驟。

撥出一些時間執行覺知步驟。認真地檢視自己、自己的行為、行為背後的選擇，甚至包括你從沒告訴別人的、你心底那些惱人的細瑣念頭。這些都是揪出靈魂契約、發掘真正驅策動機的線索。你做得到的，只是你得先專心做好功課才行。

第7章

整頓你的靈魂——

步驟二：啟動你的覺知（下）

希望現在你對自己的嶄新覺知振奮不已。你發現了一些在暗中主導你人生，而你卻一無所知的靈魂契約。你很瞭解這些契約造成的各種障礙。有了這些資訊，便能揭開潛藏的種子思想，發掘你的功課。你可以明白這套系統之所以出現的原始原因。當初是什麼種子思想導致你簽下了這份靈魂契約？一旦你辨識出種子思想，要找出背後的靈魂功課通常易如反掌。

在靈魂系統工作的流程中，辨識種子思想（亦即靈魂契約錨定的對象）是唯一能讓你順利進入駕馭階段的方法。想要駕馭自如，就得明白自己必須學習的功課。光是說：「我有交好朋友的障礙。每次我最需要幫助的時候，朋友都不理我。」或者：「我有金錢方面的靈魂契約，總是留不住錢。」並不能帶領你達到真正駕馭靈魂功課的境界。你不能只是試圖釋放這些契約，你得追究這些障礙背後的原因。不明白原因就去處理你的障礙，只能治標不治本。

辨識種子思想及課題的四個步驟

多數人覺得這個階段的靈魂系統工作，宛如電影《洛基》。想像席維斯‧史特龍跑上費城藝術博物館前面的臺階、訓練師陪著他慢跑、打速度沙袋，同時以〈虎之眼〉作為背景配樂。當他為了求勝而潛心鍛鍊，這支影片交代了他全部的苦練。

當你展開這個步驟，記住洛基的例子。戮力以赴的效果最佳。時候到了，你要盡一切可能，動員能力範圍內的所有資源，將種子思想作怪的地方統統一網打盡。你在愈多地方找到種子思想，愈容易辨識你當初建立這套系統，是為了學習什麼功課。

最後一個提醒：你的種子思想未必和你想得一樣。

我有一位客戶是養女。她以為自己在生母將她交給領養機構時，形成了自己不夠好的種子思想。當她深入探索，才察覺我不夠好的種子思想，源自她在孤兒院偶然聽到兩位修女的對談；她們說，她母親是一個男女關係不檢點的野女孩，日後她長大了八成會是母親的翻版。如果你發現的東西乍看莫名其妙，也別因此而怯步。

現在，你已經準備好加深覺知。我們在前文說過，沒有種子思想充當靈魂契約的錨，你便無法建立根源信念系統。本章要破解種子思想（一切的源頭），讓你能看見靈魂功課、駕馭種子思想，並予釋放。

披露種子思想就如同尋找靈魂契約背後的原因。簡單來說，你是要瞭解當初是基於什麼情緒或想法，而訂立靈魂契約。你發掘的情緒（稱為混亂情緒）和想法，實際上就是你的種子思想；這便是你障礙的根源。

步驟一　辨識事發的時刻

這一步的目標是採擷你發掘靈魂契約的成果，實際應用。看看你剛剛揪出的其中一份靈魂契約，回想這份契約造成的一個實際生活事件。這叫做辨識事發的時刻，接下來幾個步驟要運用到你在那一刻萌生的感受、想法，在那一刻凌駕你的情緒。進行這三個步驟時，要將那段經歷放在心上。

步驟二　記錄感受與想法

現在該來瞧瞧你的情緒在靈魂契約作怪的時候有什麼變化。在事件發生的前一刻，你有什麼感覺？整個事件過程中，你感覺如何？有何想法？請誠實作答。不要含糊地說：「我很好。」付出時間和精力好好地檢視你的情緒、消化情緒。全部寫在筆記本中。

例如，當你有氣無力地跟朋友說，你因為生病不能送她去機場，或是和姐姐爭辯車子應該由誰開，你有何感受？你擔心朋友會討厭你嗎？你害怕姐姐不肯聽從指示，而不能準時把你送到目的地（每次都這樣）嗎？你覺得你應該開車送朋友去機場嗎？

你的心智可能會對往日的簡單事件萌生複雜的想法和情緒。留意這些想法和情緒，即使政治不正確，也要明辨它們真實的樣貌，因為這是瞭解種子思想的關鍵。記錄這些情緒和想法。最保險的做法是記在小筆記本裡。別寫太多，文字要簡單明瞭。例如，你可以寫：「開車送棠恩到機場。我覺得她工作很辛苦，理應有人送她一程。」不要用多餘的文句把筆記內容變得龐雜。你的資訊愈簡扼，下個步驟愈容易。

步驟三　辨識種子思想

在完整記錄下你的想法和感受之前，不要閱讀這個步驟。

現在你已認真檢視了至少一件有靈魂契約在搗蛋的生活事件。現在應該來點偵探工作。檢視你的筆記本。你看到了什麼？開始從你的行為、情緒、思維尋找模式。搜尋線索、閱讀筆記的時候要客觀，就像看課本一樣。你愈客觀，這個步驟愈容易。你多次使用同一個字眼或句子嗎？留意自己寫了什麼。你的情緒和思維會帶給你線索，讓你破解自己應該學習的事。

浮現的模式將是反覆出現的負面情緒和思維。尋找每回你經歷靈魂契約障礙時，不曾表達出來的感受，但是也要尋找，每次你避免讓靈魂契約影響你的感受和情緒。這些會帶給你絕佳的線索。

當棠恩請你開車送她去機場，而你判定與其留在家裡休養，送棠恩一程更重要，你等於同時在表明自己的需求不配放在第一順位。在這個例子中，根本的感覺（或種子思想）十之八九會是「我不配」、「我不值得」，或「我不夠好」。剔除你的情緒經驗之後，動機便會昭然若揭。與種子思想對映的混亂情緒，或許是焦慮、恐懼、緊張、失望。

以下的練習能幫助你進一步擴充，你開始注意到的模式細節：

①首先，在日誌寫下你觀察到的模式。也許只有一、兩句話。不要寫得太複雜。愈簡單明瞭，愈好。以機場的例子，你的筆記或許會是：「我注意到我覺得自己不夠好，不配待在家裡休息。」

②從恐懼的角度把句子重寫一遍，但是不要附帶細節。因此，在此例中，或許句子類似這樣：「我害怕自己做得不夠多，不配得到任何回報。」

③現在，進一步簡化這個句子。以此例來說，新句子會類似這樣：「我怕自己不夠好。」

針對你剛辨識出來的種子思想，記錄伴隨而來的重複情緒。這些其實就是與種子思想一併埋藏到靈魂內的混亂情緒。

步驟四　辨識靈魂功課

既然你知道自己的種子思想了，就能接下去辨識靈魂功課。幸好，你會發現在完成許多苦工之後，辨識功課是本書最簡單的步驟！

我們是完美無瑕、美麗、真理、光的造物，宇宙的造物。宣稱我們不是那麼回事的想法，一律都是虛假的。因此，不論你的種子思想是什麼，靈魂功課都是透過言行舉止，活出完全相反的樣貌，請相信靈魂的光芒。

我不夠好，變成，我**絕對**夠好。

我不值得，變成，我**最**值得；以及，**我跟別人一樣**值得。

我不安全，變成，我受到神、本源、宇宙、所有的朋友，以及後援系統的保護。

後續幾章我們會說明如何從靈魂層次學習這些功課。在那之前，開心就好！你已經給了自己力量。你已經辨識出自己在創立靈魂契約時面對的種子思想。這些能大幅地削減靈魂契約的力量，僅僅只是走到目前這一步，就會發現靈魂契約對你生活的影響，已經不如你開始展開探索的時候。

太多人在嘗試靈魂契約工作時沒有暫緩腳步，發掘他們的種子思想、混亂情緒、功課，我認為這很不可思議。最近我在一個熱門的網路電話工作坊上開講，奉送聽眾一次關於靈魂契約的免費集體清理。

接受清理的人大半都很感恩，但是有一位女性寫電子郵件告訴我：「丹妮爾，我做過很多改善人生現狀的技法，包括妳的靈魂契約清理祈願。但是全部無效。我還是沒遇見的我的夢中情人。我覺得自己老是只差臨門一腳，偏偏什麼都沒發生！」

單單這一句話就讓我在當下了然於心，這位女性還沒有處理她的種子思想，沒有經歷到處理之後所創造的深層助益。（記住，靈魂系統工作會締造永久的改變，不是急就章的補救之道。）這位女性所不瞭解的是，除非學會靈魂契約要教導你的功課，並且在生活中身體力行，否則不可能清除任何靈魂契約。

我在那場網路電話工作坊向聽眾解釋過，在清理靈魂契約的時候，只有他們下功夫揪出潛藏種子思想、找出靈魂功課，並予以實踐，靈魂契約，才有辦法中止。不論你多麼拚命卸除靈魂契約，基本功一定要做。沒有捷徑。

一位名叫克蕾兒的客戶上門時，以為她的障礙可以瞬間移除。她說：「我知道自己的障礙在哪裡：我總是選錯對象。我要妳幫我清掉這個問題。」克蕾兒埋怨每回邂逅的男人，總在她愛上他之後匆匆分手。她細數一個又一個看似不錯的男士前來追求她，然而一旦她和男人上床，不出一個月，男人便會離開她。她只不過想要被愛，卻覺得不被愛。她說自己試遍尋覓良緣的技巧，全部無效。

據克蕾兒說，她人生唯一的困擾就是情路坎坷。其實，種子思想全面滲透了她的生活。以此例來說，克蕾兒見樹不見林。她相信自己的靈魂契約只侷限在愛情層面，導致男人離開她。

克蕾兒事前查詢過我的工作，當我提議我們深入探索她建立目前那些靈魂契約的原因，她語帶挖苦地說：「我只要妳清掉永恆之愛、貞潔、寂寞的靈魂契約，讓我可以好好過日子，就好。我只想找個理想的男性結婚，我等不及了。」問題在於，克蕾兒完全弄錯狀況了：釋放靈魂契約是最後一步，那是你學會靈魂功課、卸除種子思想之後的步驟。否則，就像把馬車擺在馬的前方一樣，你哪兒都去不了的。

為什麼克蕾兒當初會在生命中建立這些靈魂契約？她反覆經歷了什麼種子思想，以致於她判定自己受夠了？從顯然一再重複的負面模式或障礙，便能輕易挖出她的靈魂契約，但是克蕾兒只走到這一步便不再前進。但更重要也更難的是，釐清最初為什麼萌生那些種子思想、為什麼簽下了那些契約。

我和克蕾兒見面的時候，我沒有請她列出那些遇到阻礙的領域，而是請她檢視自己受制於靈魂契約的實際事件。對於心存抗拒，或很難認清那些相同的模式貫穿生活各個領域的客戶，我發現這一招對他們很有效。既然克蕾兒認定她的模式只出現在她的感情生活，那麼我們就先檢視這個領域。

我們討論了每一段感情。不久，模式便現形了。克蕾兒發現她選擇的男性都不擅長溝通。事實上，他們多半沉默寡言。克蕾兒的父親不太關心女兒，所以她覺得自己必須拚命吸引男友的關注，以維繫他們的熱忱、逼他們溝通。當克蕾兒回顧往日的情史，顯然她相信自己必須贏得男人的愛；這是她從幼年便抱持的信念。克蕾兒記得數不清多少次，她施展渾身解數滿足男人的需求，希望自己的慷慨能打開他們的心扉，她記得，這就是自己與父親相處的方式。最後，一切無濟於事。男人會厭倦克蕾兒的寵溺，棄她而去。

克蕾兒的根本信念是自己不值得愛，這不但讓她情海生波，也反映在其他領域，諸如她的工作。她察覺自己必須做牛做馬，工作表現才會獲得肯定。她必須為朋友赴湯蹈火，只為了做好一個朋友的責任。

當她辨識出靈魂契約是攀附在什麼種子思想之上，她便能進入靈魂系統工作的下一步。但是在她發掘種子思想之前，她完全束手無策。對克蕾兒來說，辨識種子思想便是她欠缺的一環。

記住，辨識你的靈魂契約是很好的，但是到頭來，一切都關乎你的靈魂功課，當你知道自己的種子思想，便能釐清功課。你受苦受難不是為了懲罰你。而是協助你相信自己美好本質的方式。

額外的大補帖：換一個觀點

我們在童年的選擇並不多。想像你五歲的時候。如果你父母吵架，你不能離開家，或躲到別的地方去。如果你不喜歡母親對待你的方式，或你討厭父親在家時的情況，你沒有多少反制的手段。你可以沉默以對。你可以告訴大人你不快樂。但是多數的孩童不具備細膩的溝通技巧，情感也沒有成熟到能這麼做。

身為孩童，你的選項實在有限。你必須在能力範圍內摸索人生，做出決定。對多數人來說，這表示深度會向另一個人（通常是家長）看齊，揚棄真實的自我。有些人會在青春期的叛逆階段重拾自我，也有人會迷失自我到三、四十歲，甚至一輩子！

我遇見我的客戶茱麗的時候，她事業有成，是科技產業的資深主管。她和丈夫育有一雙兒女，花不少時間陪伴母親，有一小群親密的朋友。但是茱麗覺得不快樂、沒人愛、不滿足。

當茱麗描述她的人生的時候，她顯然想不通自己為什麼感覺不到愛或幸福。在檯面上，凡是社會列為幸福、成功人生的必備條件，她一概符合。實際上，茱麗長年累月尋求援助，因為她覺得自己一定是太自私了，才會想從人生得到更多。當茱麗提到母親週末要過來看她，我的通靈師觸角便豎起來了。我問她，那是不是一件好事？她斷然地說：「是啊！當然是！我愛我媽！」當她描述媽媽是她人生重要一部分的時候，我腦子裡嗡嗡作響。事情沒那麼單純。

我繼續追問，茱麗承認自己對童年沒什麼印象，只知道日子不太好過。她聽過媽媽講述前塵往事，但是她記憶有限，實在想不起母親談論的故事。她說，媽媽常把過去掛在嘴上，茱麗告訴我，她很扼腕自己不記得那些事。我向茱麗解釋，我覺得她從幼年就決定將母親對現實的看法當成自己的觀點，以保護自己。小茱麗從中感覺到安全、保障，和愛。

茱麗的回答呢？「沒那回事！我母親從以前到現在都是了不起的女性！我小的時候，她為了教養我吃足了苦頭，我真的是很難教的小孩。她用盡一切努力把我管好！我母親是我生平見過最優秀的母親。」

每個人在孩提時期都會建立一套與世界互動的方法。而我們當年生活中的人物及我們當年得到（或沒得到）的照顧，會左右我們如何與世界互動。很多靈魂契約是在幼年建立的，通常在三到五歲。隨著年紀增長，我們開始相信這些靈魂契約，實際上就是我們的本色。以茱麗為例，她建立的靈魂契約驅策她插手管理身邊的每個人，同時與旁人保持距離。當別人不幫她，她便不必承擔失望的風險。但是我們做個案的時候，她很難理解這一切的源頭，怎麼會與母親的管教方式沾上邊。

我常遇到幾乎沒有童年記憶的客戶。他們大部分人的處境和茱麗一樣：童年時與母親（或父親）關係緊密，極能體諒父母過去的行為。這種人往往不明白有靈魂契約在作怪。此外，他們沒有覺悟到為了採納照顧者的觀點，他們其實必須排斥自己在那當下的實際情緒。被掩埋的情緒構成了混亂情緒，在隨後漫長的歲月不斷地浮上檯面，為種子思想火上加油，往往導致一個人不斷地建立新的靈魂契約，以持續鎮壓那些情緒。

要瞭解你為何建立這些靈魂契約，先判別哪些記憶與經歷是你的親身體驗，哪些則來自你身邊的那些人。你必須開始採用自己的立場，而不是童年時你過度認同的那個人的觀點。但是這不表示你應該抵制父母或某一位照顧你的人；你要抵制的是，他們多年前加諸在你身上的視角。

身為成年人，如果你對自我的認知是來自周遭的人，而不是來自親身經歷，你是不可能瞭解自己的。這表示你要回顧別人說給你聽的童年舊事，透過你當年的感受（或依據你長大成人後對自己的認識，推斷你當年可能的感受）理解那些往事。找出自己的解讀。

茱麗從小就相信自己是一個非常不規矩、管不動的孩子，一個會虐待妹妹的姐姐。有一個她聽過無數遍的童年故事總是令她很內疚。她母親告訴茱麗，她八歲的時候拿了一枝玻璃製的枴杖給五歲的妹妹，騙妹妹那真的是糖果。妹妹一口咬下去，玻璃碎裂，割傷了口腔，不得不縫了三針。

我請茱麗重新檢視這件往事。她是否記得自己蓄意折磨妹妹？她總得有憤怒、復仇、暴力之類的情緒，才會那樣對待妹妹。就她記憶所及，她對妹妹有那種感受嗎？我詢問那樣的情緒是否出現在她目前的生活中。她說沒有。

茱麗察覺自己將媽媽認定的真相當成事實。她以媽媽的角度審視自己的人生，於是看到與自己實際體驗相差甚遠的故事版本。基本上，在靈魂層次上，她媽媽在說：

「如果我們從這個角度檢視生活，就會看到我是一個好媽媽。從這個角度看，我就能滿意自己的作為。我可以接受自己過去的決定。如果妳接受我的角度，我們就可以很親密。妳會感到安全、有保障，妳會感覺到我愛妳。」

茱麗的媽媽締造這個觀點倒不是因為她心腸惡毒。她無意傷害茱麗或擺布她的人生；她有自己力不從心的地方。她告訴茱麗的事情經過是她認知中的真相。茱麗目前的挑戰在於，她還沒捨棄母親塞給她的角度。她萬分恐懼，假如自己採取和母親不同的視角，她會失去母親。

我請茱麗回顧枴杖糖事件。如果她現在的感覺中不包含報復、暴力，那事發當時，她大概也沒有那些感覺。那麼她實際的感覺會是什麼？茱麗撇下母親告訴她的故事版本，在心裡想像實際的經歷。她說，妹妹一出世就生病，父母大部分的時間和精力都用在協助妹妹康復。茱麗記得自己覺得沒人關心她，而她只是想讓每個人都綻放笑容。她坐著回想這件事，記憶便慢慢地浮現了。她只是想逗全家人哈哈笑（包括妹妹）

而已，不料誤判情勢。她不知道咬碎玻璃枴杖糖會割傷嘴巴。

茱麗開始探索自己的觀點，於是有了重大的突破。她從自己的角度解讀母親講述過的其他故事。至於記憶中搜尋不到的往事，則依據她對童年的新認識推敲實際的情況。她省悟到自己仍然懷抱著混亂能量，包括：嫉妒（因為妹妹得到眾人的關注）、失望（她沒有得到那麼多關注）、悲傷（因為她真心想要自己沒得到的愛）。

她愈探索、愈明白自己絕對有權力從自己的觀點檢視人生。她不會因此變成壞女兒或自私鬼，事實上，這些讓她認清昔日的自己，理解自己以前為什麼做出那些決定。她終於瞭解自己種子思想背後的功課：她和任何人一樣值得擁有自己的人生、經歷，和後盾。

原來，茱麗在成年生活中體驗到的混亂情緒，正是她三歲時簽下的契約，她將母親的觀點視為自己的感受。她必須將這些情緒埋藏到靈魂深處。當她深入這些回憶，她不只化解了這些陳舊的種子思想，也釋放了長期深埋的負能量。

在孩提時代，你只希望照顧你的人會愛你。你會盡一切努力建立和樂融融的情境，即使那表示你得漠視自己的實際情況、情緒、行動，以採納別人那一套。其實在長大成人的過程中，這是極為正常的歷程。

問題在於這些情況常發生在靈魂層次，而三十年、五十年之後，你仍然遵循相同的模式來尋求安全、保障，和愛。你遲早必須放棄這些舊模式，依據你的光芒、你的成人觀點、你從童年以來的全部經歷，建立新的模式。

抽出時間回顧幼年很重要。我發現大部分的種子思想是在幼年建立的，介於三歲到五歲。稍後才簽下靈魂契約，介於六到十歲。或許你會發現你需要區辨什麼才是你經歷過的事實，什麼是照顧者或家人的說法，然後才能進行靈魂系統工作。如果你能輕易回想往事，就從這些事著手。

但是千萬小心：對於你記得的事件，請確認那是你本人的回憶！有時別人認知中的真相會深深地滲進你的心田，以致於你沒察覺自己根本沒有那些記憶！你真的記得某件事嗎？還是你只是聽別人講了太多遍，就以為那是自己的親身體驗？很多人以為自己的記憶完好如初，後來才發現那其實是某位家人告訴他們的往事。如果你面臨這種情況，釋放別人的視角對你的益處，不會亞於完全無法汲取個人記憶的人。

如果每次回想往事都不能勾起你的情緒，你不可能從自己的觀點檢視自己的人生。沒有自己的觀點，你要如何鳥瞰自己的人生，釐清靈魂契約和種子思想？

如果你真心想要檢視過去、辨識什麼是自己的過去、什麼是照顧你的人的說法、學會孩提時代的重要靈魂功課，你就得從事情的經過抽離自己的能量。如此一來，你會發現回憶不如之前那麼讓你激動。事實上，嶄新的客觀立場能讓你自由地理解當時的實際經歷，進而讓你從中學習、向前走。

第8章

整頓你的靈魂——

步驟三：落實你的靈魂功課

現在我們該來處理目前靈魂層次的挑戰，背後的功課了。走到這一步，你看待自己的眼光大概已經截然不同。我們會在這個步驟善用這一點。你會在自己的世界開始見到零零星星的轉變。

研究學問、上課、嘗試新工具與技巧、看書、與朋友談論等等，可以讓我們對一件事物得到理智上的理解。這種聚焦在向外求取的做法，可以帶來豐沛的知識，但是實用的部分卻少之又少。我曾和許多沒意識到自己是「萬年學生的客戶」合作（那種對市面上的靈性訊息及自學資訊照單全收，人生卻原地踏步的人）。學習能量運行之道、與你的指導靈談話，或者瞭解你有什麼種子思想和契約。這些都很好，但是你不行動的話，這些資訊便沒有價值。

在靈魂系統工作中，覺知與理解只能讓你睜開眼睛，認清自己的現況。你可以長年累月鑽研這些學問。你可以住在我家，當我的學生，除非你願意從萬年學生的模式切換到行動模式，否則你不可能得到靈魂層次的深刻蛻變。要落實靈魂功課，一定得敞開心胸去感受。你也得做好灰頭土臉、承擔風險的心理準備。或許你的情緒會狂風暴雨，甚至可能暫時喪失理智。

本該如此。這不是從外在檢視你的靈魂系統如何運作，而是去感受它如何在你的內在運作。這才是你該追求的落實靈魂的功課。我們不是用顯微鏡理解生命如何聚合在一起，這些道理你又不是不知道。我們要不嫌骯髒卑下，拾起汙濁，品味生命，吐掉我們不喜歡的，與適合我們的做法合而為一。這才是貨真價實的實踐。

因此，準備好去感受、體驗吧！確確實實地活出自己。現在，這是你生命的一部分，不用顯微鏡，不再說教。只要將實實在在的真實自我攤在檯面上。

從過去解脫吧！

沉溺在過去會妨害你實踐靈魂功課。假如你每次一想到終於可以賺錢，或擺脫熱衷批判的習性，便又記起自己頻頻失敗的過去，你會更難做好接下來的步驟。最要緊的是，你要能回顧生命中的事件。好好地放下過去，以便從中學習，不再被過去絆住了腳步。

如果每次回憶起童年都會讓你重溫內心的煎熬，比如：那樁在學校的慘事、或你們家破產的日子，這樣你如何公正地看待你的過去呢？在這些心情沉重的時刻，可以運用我命名為「泡泡切斷術」的能量工作，重拾美麗、平靜、客觀的心境。

當你能夠保持客觀的立場，便能思考不同的觀點、新的想法，說不定還能以嶄新的角度，重新詮釋自己的經驗。或許不容易做得到，但是重新詮釋過去是釋放的正常環節。泡泡切斷術可以幫助你在回顧過去的時候，不受到舊觀點（落入種子思想的窠臼）及新觀點（因為你持續處理你的種子思想）的干擾。遲早，你會敞開心扉，學習深植在這些痛苦時刻內的功課。

練習 泡泡切斷術

進行這項練習之前，先找一個你覺得舒服、且能長時間獨處的清靜空間。

一、召喚指導靈

召喚指導靈前來協助。不想召喚的話就坐著，讓心安靜下來。如果你喜歡與指導靈、天使、靈性存有合作，想像祂們與你同在，準備好助你一臂之力。如果你不清楚召喚的方法，就說：「我現在召喚符合百分百聖光的指導靈前來，協助我今天的工作。」讓自己舒服一點，營造恬靜、安全、平穩的氛圍。

二、挑選事件或經歷

針對你要處理的種子思想，從過去挑選一則相關的經歷。最理想的狀態是，在你移除完自己對那則經歷的能量依附之後，你便能理解種子思想背後的靈魂功課，並身體力行。怎麼挑選往日的經歷呢？第一次練習的時候，請選擇非常明確的經歷。從小處著眼。一開始，你應該先一一評估你的經歷。

最適合在第一次練習使用的事件是，仍然讓你氣憤難平的明確事件。以我的一位澳洲客戶為例，她的先生時常嘮嘮叨叨的，不尊重她。有一次，他挑剔她切肉的方式。先生說，妳很奇怪，什麼事都不懂正確的做法，妳在餐桌上的德性會笑掉別人的大牙。這便是適合這位客戶做泡泡切斷術的絕佳事件。

這是明確的事件，她想起這件事情的情緒，強烈、宛如人就在事發現場，這也與她「我不夠好」的種子思想相關。不要選擇籠統的主題，諸如：你的母親或仍在發生的權力鬥爭，挑選明確的經歷。日後你可以運用這項技巧處理，仍然持續在發生的大型議題，但是務必先從最單純的層次駕馭這項技巧。你選擇的事件也應該牽涉到你，以及一位你生命中的重要人物。

接著，請你重拾童稚的一面，啟動五歲小孩的模式。如果你在隨後幾個步驟太嚴陣以待，你便無法從中受益。試著站起來蹦一蹦，做做開合跳，做什麼都行，只要你不是靜靜地坐著，別把自己過度剖析到什麼都做不了。

三、建構你的泡泡

針對你選定的事件，想像涉入其中的另一人（只有一位）站在房間另一側，約十呎遠。注意他的站姿、衣著，乃至你覺得他處於什麼情緒。讓他待在那裡一會兒。

接著，想像你將他放進一顆泡泡裡。這顆泡泡可輕易地容納一個人，泡泡滿懷著慈愛包覆他。持續觀想這顆泡泡在房間另一側，而且他就在泡泡內。當你運用想像力建構這個畫面，要知道自己是安全、受到庇護、被愛的。接下來你要對這顆泡泡做的事，符合每位牽扯其中的人物至高至善的福祉。請保持平靜與專注。

有些人對於把別人放進泡泡裡感到疑慮。記住，這顆泡泡充滿了愛，建構這顆泡泡，是為了協助你、以及另一人，釋放對你們不再有益的能量。我們唯一的意圖是追求平衡、真理、釋放，與明晰。

四、填入情緒

這是泡泡切斷術最關鍵的步驟之一，目的是揭開埋藏的情緒，以及與事件記憶連結的相關能量。只要這些能量藏匿在你的記憶中，便會持續在暗中提供你火上加油的動力，不斷地灌溉你的情緒，讓你不能客觀地審視回憶，請學會當中的功課、並向前邁進。

因此，我們來移除這個動力來源。或許你會覺得很困難，因為你一直用情緒、行為、契約等等玩意兒掩蓋它。我們要透過關注這些情緒來進行釋放。在隨後的兩、三分鐘，你的心裡會很不舒服。這不會花很久的時間，只要兩到三分鐘。如果你逃避這種不適，你不會見識到不適結束之後的海闊天空。允許自己經歷小小的（或大大的）不適，你可以立即體驗到這個步驟的強大效果。不妨這樣想，我用兩分鐘重拾自由，享受在理解、並落實那段經歷的靈魂功課之後的終生轉變。

一邊想像你選定的人物待在房間另一側的泡泡裡，一邊開始回想你選定的那段回憶。回想時，不要像在講述給朋友聽那樣。你得沉浸在那些情緒中，這個步驟才會見效。因此，別跟自己說：「雷夫那樣做的時候我氣死了。」問自己那股怒氣的實際感受。花時間找出內心的情緒。讓情緒浮現出來，直到你不再思索那股怒氣，而是感覺到怒氣。你體驗到你的憤怒。或許你會注意到自己握起拳頭或繃緊身體。或許你會感覺到後頸麻麻刺刺的。不論你生氣時有什麼身體徵兆，一律找出來。想像你的怒意填滿一顆胸腔內的大海灘球。持續用你感受到的全部怒意，填滿那顆海灘球。如果閉上眼睛能幫助你專心，就閉上眼睛。

當你凝聚不出更多的怒氣來填滿自己，你便該進行下一步驟。用雙手舉起那顆在你幻想中填滿負面情緒的海灘球，將它放進那顆安置了一個人的大泡泡裡。這時，海灘球會沉到泡泡底部。以片刻時間，查看負面情緒現在占據泡泡的多少空間。是四分之一顆泡泡？八分之一顆泡泡？目標是持續這個步驟，直到完全填滿泡泡的空間。

我只是以憤怒的情緒為例。你能汲取的最強烈情緒，不見得是以怒氣打頭陣。也許你會從困窘、恐懼、作嘔開始，憤怒或絕望則是晚點再處理。以不同的情緒填滿不同的海灘球。你會發現自己能用一種以上的情緒，填滿那顆泡泡。

這個步驟最重要的要點是，「沉浸在情緒中」，不是想著那個情緒。我見過很多人可以面不改色地暢談親身經歷過的可怕事件。他們道出細節，卻無所不用其極地避免重溫那場經歷的能量。如果你也是如此，你要一遍又一遍地問自己：「那是什麼感覺？」回到你埋藏的能量中。如果你無法重溫那些情緒，也許你要選擇與種子思想相關的不同事件或人物（或兩者），直到能汲取到回憶。

翻出這些情緒的時候，或許你會發現羞於承認的事，即使是向自己承認！這是健康的心態，並且證明你開挖得夠深入。允許自己理清關於那一次情境的全部情緒、感覺、想法。盡力老實地攤開那些情緒，沉浸在回憶中。很多人埋藏這些負能量，是因為他們判定自己在那當下的實際感受很不妥、不符合政治正確或不公道。這是釋放一切的機會。別人不會知情的。

進入下一步驟時，你要知道，你花在填滿海灘球的這兩、三分鐘，是這整個練習中最困難的部分。

五、尋找連結

完全注滿泡泡之後，便可以進入下一道程序。填滿泡泡未必就能清空埋藏的情緒，這確實表示，在這一次的泡泡切斷術練習中，你已經盡力而為。

接著，運用想像力看一看這顆灌飽的泡泡。它大概不再是輕盈、明亮、精巧的泡泡了。它滿載著負能量。多數人心目中的泡泡沉重、晦暗，且噁心。泡泡又怎麼可能不是那樣？因為負面陰影是黑暗、沉重、黏滑、惡臭的，就像瀝青。而且你才剛剛將這些玩意兒從內心拖拉出來，放置在泡泡內。

想像有一條能量索連結到泡泡上。你用這條能量索將自己的能量灌注到那個情境中。你的種子思想灌溉你的負面陰影，你則用能量索將負面陰影輸送到這一段負面回憶中！這條能量索百分之百由你的能量構成，既不是另一個人的能量，也不是那場經歷的能量，而是「你自己的能量」。

這不是要責怪你，只是你得扛起責任。你長年累月餵養關於這個情境的負面情緒。你承擔個人責任的時候到了，斷絕連結，向前走。你此刻的任務是切斷連結。

如同本書第五章的說明，內心能量穩健踏實的人比較快樂，也比較清明。從能量索流出的能量，類似你在泡泡切斷術練習看到的能量，絕非穩健踏實的能量。現在要收回長年以來，餵養這個情況的不穩健踏實的負能量。你要移動它。首先，留意這條能量索是否從泡泡連結到你身體的某個部位。它連結到你的肚臍區塊嗎？還是心臟？右肩？也許它有分岔，連結到兩個或更多的部位。花點時間查看；這很重要。

如果想像不出一條和你連結的能量索，請快速地做一次想像力的練習。想像一隻藍色的烏龜。想像一隻紅色的恐龍。想像一記響雷。

現在，回來運用想像力描繪這條能量索固定在你身體上。別忘了用一點時間留意這條能量索的質地。在健康的情況下，它可能質地輕盈、閃亮亮的，幾近透明。純淨的能量會來回地疾速流動，幾乎偵測不到它。但是，你現在看到的能量索大概是沉甸甸的，像一條臍帶。或許上面長著黴菌或藤蔓。或許它沒有彈性，或是以鋼材製成。

盡情地揮灑你的想像力，真切地看見你的能量索是什麼樣子。在日誌寫下你的印象，以免遺忘。稍後你會測試這項練習的成果。

六、切斷連結與重拾能量

運用想像力，看見這顆陰暗、噁心的泡泡騰在房間另一側的半空中，它看起來渾濁、凝重、黏膩到了極點。你在內心或實際上（看你覺得哪個效果好），將手伸向那顆泡泡。輕輕地抓住它與能量索相連的地方，握住這條想像中的能量索。然後心懷慈愛。接著拔掉泡泡的能量索，就像拔掉插在牆壁電器插座上的插頭。你甚至可以在能量索和泡泡分離的那一刻，聽到一聲「啵」。

關於拔掉能量索，我要說明一件事：你辛辛苦苦才走到這一步。你選擇了仍然有能力挑起你情緒的事件和人物。這人或許仍在你的生活中。當你拔掉泡泡的能量索，並不會移除你們的人際連結。你並不是將這個人逐出你的人生，或永遠禁止他們和你說話。你只是把以前拿去灌溉記憶的負面陰影能量，收歸己用。就這樣而已。泡泡內的人不會因為你拔除連結而痛苦。事實上，進行這項練習，說不定會帶給泡泡內的人，一個出乎意料的成長機會。

現在你站在那裡，手上拎著一條能量索，然後呢？當然是重拾你的能量啊！

請將這條想像的能量索收拉到雙手之上。盡量將它捲起來放在手掌上。這是你的能量，和你失散已久的能量。現在你們終於團圓了。這是值得慶祝的一刻，不必怕。以呼吸充當指標，重拾這股能量。將你收好的能量索放到它與你身體相連的部位。

例如，假如是連結到肚臍的話，便將捲起的能量索放在肚臍上，然後用雙手蓋住。假如能量索是連結到你無法用雙手覆蓋的部位，運用你強大的想像力。現在你的想像功力應該相當厲害了！

我發現呼吸是最強大的工具之一。用鼻子深深地吸氣，然後從鼻子慢慢地呼出。多做個三遍。吸氣與吐氣的時間盡量一致。吸氣時，是在創造力量。吐氣時，便創造了更多的空間，讓能量索的能量重新融入你的內在。想像你每一次吐氣，能量索都愈來愈輕盈、柔軟、閃亮。

這麼做，便能實際改變能量索內的能量，從晦暗沉重轉變為輕透、明亮。畢竟，你可不想重新吸收那麼多的負面陰影。當你無法讓它更輕透閃亮時，就想像你每次呼氣，都讓能量索被吸納回身體內、回歸你的能量中、回歸於你。請繼續呼吸，直到現在恢復美麗的能量索能量，透過與能量索相連的身體部位，完全返回你的內在。

完成重拾你的能量之後，坐著放鬆一會兒，但是只能休息片刻。這項練習還有一個重頭戲。那顆沉重、討厭的泡泡仍在房間的另一側！你努力開挖、釋放的那一堆負能量，還在那裡呢。

七、釋回宇宙

當你從重拾的能量裡回神，你會感受到將陳舊的負面陰影釋回宇宙的強烈喜悅。請在腦海中走向那顆泡泡，帶著和善與慈愛，輕輕地將它推向天空，想像你將泡泡交給你的指導靈。請祂們接收泡泡，以最高形式的光消融泡泡，將所有的能量送回它原本的來處。

想像自己看見泡泡在光中消融，各種能量返回它們的源頭。一部分的能量，可能會回到你身上（那種感覺很舒服的）；一部分能量，可能會回歸到事件裡的其他人物身上；一部分可能回歸到事發的情境。你只管允許讓這一切發生，並且接收屬於你的美麗的光。

測試成果

這項練習為你帶來任何轉變嗎？你因而更接近你的目標了嗎？幸好，你可以立刻驗收成果。休息五分鐘振作精神之後，就該查看成果了。現在，再次坐在舒服的平靜空間，以片刻時間回顧你處理過的回憶與相關的人物。回想那段記憶。事件帶給你的感覺改變了嗎？你個人的感覺改變了嗎？你的反應改變了嗎？痛苦是否緩解了？

在這個階段，多數人會說那個情境不像以前那樣會挑起他們的情緒。事件變清爽了。情緒呈現中性。有的人會覺得狀況略有改善，但是情緒仍會冒出來。假如是這樣的話，你只不過需要在日後方便的時候，針對這則回憶重新做泡泡切斷工作。或許你選擇處理的事件規模較大，或許你釋放的速度較慢。無論成果如何，不要下負面的評斷，你要為能夠改善自己的能量而振奮。如果你再多下一點功夫，蛻變會更大。

針對這個事件建立中性的回應，能讓你做出良好的決定，學會你的功課！當你能夠以和善的中性眼光回顧一個事件、與某人的一段感情，或一段經歷，你會發現，自己終於具備了深入探索的力量與能力。

驗收成果的終極考驗是，從你嶄新的客觀角度，檢視你選定的情境和人物。既然這件事不再撩撥你的情緒，你能從中領悟什麼？你看得出種子思想如何驅策你做出昔日的舉動嗎？你能察覺種子思想才是主導往日事件的潛在力量嗎？你能夠這樣檢視過去，正是因為神識徹底恢復清明，而這又轉而幫助你做到你追求的全面釋放。

我的客戶史提夫總算看見我不夠好的種子思想導致他輟學，最後沒能從大學畢業。他不再責怪愛玩的室友。事實上，他意識到當年他根本不相信課業能夠及格。覺悟到這一點以後，史提夫明白自己諸多的挫敗經驗，其實責任在自己，根源來自他的種子思想。

史提夫做了幾次泡泡切斷術，情緒才抽離到可以置身事外，從種子思想得到他極需要的洞見。他得到的洞見撼動了種子思想的能量，並完全得以釋放。

既然你已開始切斷昔日的連結，你會發現自己看待障礙的眼光較為客觀，情緒也比較不會激動。如果你在自己受阻的生活領域上，仍舊覺得沒有大幅地減輕自己與過去的牽扯，就回頭多做幾遍切斷連結的練習。直到你建立了嶄新的立場，能夠比較寬容地看待過去，不會再被激發強烈情緒的時候，才算準備好進入落實的階段。這是落實靈魂功課的大前提之一，空有理智上的理解是不夠的。如果你現在覺得比較堅強、有力量，你便準備好了開始實踐種子思想教導你的功課！

實踐的四個階段

落實靈魂契約背後的功課有四大要件，而不只是改變習慣。遵循這些簡單的步驟，你要身體力行，這樣你的領悟會容易許多。一如本書提供的諸多工具，等你熟悉了整個流程之後，或許就不需要太講究形式。現階段暫且遵循我擬訂的步驟。將來等你累積了豐富的經驗，即可改變做法。

階段一 貼標籤

第一階段的名稱是貼標籤，亦即在靈魂契約及種子思想暗中作祟、悄悄地下指導棋在你不自知的地方的時候，貼上標籤予以標示的行為。

如果你按照本書的進度走，你已經在無意間開始貼標籤了。隨著你邁向落實的步驟，你會從小到不能再小的經歷中，揪出這些契約和種子。別從顯而易見的地方下手（例如：每次你母親來訪，你心情如何盪到谷底），開始在日常生活的每一刻，尋找這些能量浮現的跡象。注意，假如你買洗髮精的時候心裡會叨唸：「我髮質太差了，得買最高級的洗髮精才行。」你走過街道的時候或許會想著：「你看看她的俏臀，比我的漂亮多啦。我的屁股真的很大。」你貼上標籤的時刻愈細微、愈無足輕重，你愈容易全面落實你的功課。

每次你揪出一個暗中作怪之處，只要對自己說：「貼標籤！我的種子思想（或靈魂契約）就是在這裡作怪！」這樣就大功告成。你愈常做，就會愈厲害。多數人只花幾天進行這個步驟。既然你大致發現自己受到障礙干擾的生活領域，比原先想得更多，花時間一一揪出來很重要。你辨識的功夫愈高強，愈容易落實！

如果你仍然覺得很吃力，回頭溫習本書提到的覺知步驟（第六、七章）。

階段二　預測

標籤貼到一個程度之後，便會看出靈魂契約和種子思想，會在許許多多的場合蹦出來。看到生活冒出這些事端，或許你會覺得近乎滑稽。說不定，你還會取笑自己：契約已全面滲透你的生活，你卻毫不知情。一旦你有了這番體會，便能進入預測的步驟，而且你大概已經在無意間，自然而然地展開下一個步驟了。你知道只要你採取某些行動，靈魂契約或種子思想很可能就會浮現。這樣正好，你能預測，就能預做準備；既然你能做準備，就能扭轉情況。

我的客戶蜜雪兒原本以為她的障礙完全關乎金錢。當她展開靈魂系統工作，她察覺自己的障礙並不侷限在金錢上。身為一個好人，她很難接受別人的好意，同時很難相信自己對別人的付出有任何價值。

當靈魂系統工作進行到預測階段，蜜雪兒能夠預測靈魂契約與種子思想，可能會出現的諸多場合。她很愛指出每一個障礙即將現身的地方；知道障礙會在哪裡現身，讓她覺得自己力量變得更強大了。或許，你也會樂在其中。

預測固然簡單，卻必要。這表示你的力量凌駕了靈魂契約和種子思想，而不是屈居弱勢。當你知道導火線即將出現，便能預做準備，你可以神智清醒地思考。當靈魂契約或種子思想驅策你採用某種言行舉止，做相同的決定，或對自己抱持某個特定的想法，你是處於全自動模式。例如，假如你的靈魂契約說，你要犧牲自己來證明自己是好人，你會在下意識中回絕你的機會。如果你能預測靈魂契約或種子思想何時主導大局，便能減緩、且更加清楚地意識到那個過程。

「我不值得的種子思想」及「貧窮的靈魂契約」，讓我的客戶妲西回絕了在人生中擁有金錢的諸多機會。在她開始預測到這些干擾之前，她根本無力反擊。

在預測步驟中，直接從你已經習慣成自然的事情開始做。如果你知道自己過度付出的契約，總是在你和某人講電話的時候作怪，只要提醒自己即可。在契約或種子發作之前，予以拆穿，便可以給你準備的時間，並進入下一步。

階段三　神智清醒地做決定

當你的鐵鎚砸到自己的手指，你當下的反應是大叫並移開你的手。靈魂契約和種子思想基本上造成相同的現象。當你遇到某個特定的情況，你因為契約或種子的制約，而以特定的方式回應。既然你磨練出新的能力，開始能夠預測自己何時會再碰上負面情境，你便能改變選擇的方式。

想像你用木材製作椅子。每次你用某個角度敲鐵鎚，都會打到手指至少兩次。既然你知道那個角度常常讓你失手，你便決定下次要有備而來。或許你會請別人替你扶住釘子；或許你改用較長的釘子。不論你用什麼方法，你預測到自己會遇到問題。因為你知道後果，你可以花時間改變做法。

同理，你可以在面對契約和種子時改變選擇。但是預見即將發生的狀況，不代表從此以後都要改變你的決定。事實上，一開始你可能「只考慮改變做法」。隨著你預測的能力逐漸增強，你神智清醒做決定的能力也會提高，遲早你可以不需要那片刻的清明，也能做出不同的決定。

做出神智清醒的決定，未必要與種子思想或靈魂契約驅策你做出的行動不一樣，重點在於從較高的振動頻率下決定。當你的種子思想說你不安全、孤立無援或沒受到保護，以致於決定簽下「不要對任何人動感情的小圍牆靈魂契約」，來封閉自我，那麼你便會充滿低頻的能量。神智清醒的決策幫助你在這些能量浮現之前做出選擇。從你預測到那些能量即將浮現、到能量真的浮現之前的空檔，便是你做出神智清醒的新決定時機。

來看看我的客戶蜜雪兒的例子，她有涉及接受能力的靈魂契約，以及不相信個人價值的種子思想。當她到銀行存放一張支票，她注意到這是她的靈魂契約通常會搗蛋的時刻，導致她對客戶支付給她的款項完全無法感恩。但是當她知道這份靈魂契約即將活生生地上演，卻發現這個障礙對她的影響力大幅減弱了。

事實上，因為她知道障礙會浮現，她刻意（亦即神智清醒地做決定）選擇銀行裡最親切的櫃員，與櫃員愉快地聊了幾句。蜜雪兒在下一次離開銀行的時候，察覺自己沒有陷入對金錢的恐慌。她神智清醒地決定如何應付即將現形的靈魂契約。

預測能為你爭取暫停的機會，給你片刻的清明。現在你可以評估什麼才是真正有益於你的選項，而不只是按照契約的制約行事。

例如，如果你自願送朋友的奶奶去買菜，讓朋友能待在家裡觀賞足球賽，很快地你便會發現，自己在說出答案之前會暫停片刻。你知道這是你的靈魂契約通常會發威的地方。花點時間問自己：「怎麼做才符合至高至善的福祉？」你有空送朋友的奶奶買菜嗎？這會讓你不開心嗎？你真心想要陪她出門嗎？最後你做出了相同決定或不同決定都無所謂。重要的是，你的決定來自振動頻率較高的空間，而不是基於種子思想或靈魂契約的反應。

當你暫緩腳步，有意識地做決定，你便創造了反制種子及契約的細微成功時刻。這表示你在慢慢地重新訓練自己體驗不同的經歷，逐步脫離種子與契約對你的擺布。這些小小的成功經驗愈豐富，愈容易達到全面落實！

階段四　全面落實

終於在生活中體驗到轉變、做出新的決定，的確教人歡欣鼓舞。持續做出神智清醒的決定，尋找成功的經驗，即使那是最微不足道的成功。在靈魂系統工作中，你從這些細微的改變累積實力，由此改造自己。

要做到全面落實靈魂功課，就要用能夠長久維持的步調前進。如果你這四年來都幫忙哥哥照顧小孩，你就別想要立刻向哥哥宣告你不幹了。如果這是你選擇踏出的第一步，你就跨得太大步囉。你沒有循序漸進，如果你試圖快馬加三鞭，或是著手處理承載著極大量情緒的經歷，請退回到貼標籤的步驟。

記住，一切都是關乎芝麻綠豆大的事！當你從創造細微的成功進展到中等規模的成功，記得慶祝一下！隨著你的成長，慢慢地擴大你的步伐！

第二層次的任務屬於能量層次。每次你預測某份靈魂契約即將發作的時候，你暫停片刻、思考、做出新的選擇，你便在鬆動那股能量。你又更接近駕馭、並釋放那份靈魂契約。記得那個在罐子裝沙的例子嗎？落實能量便是對那些陳年的靈魂契約及種子思想的終級晃動！當能量受到足夠的晃動，你也認真實踐功課，便該進行能量釋放的工作了。

每次的成功對於落實功課都極有助益。有時成功來自做出與平時一樣的決定，但在決定之前，請抽出時間思考那是否符合至高至善的福祉。你開始做出神智清醒的決定，而非基於匱乏或恐懼。你的選擇來自務實的考量，而不是欲求。

第四階段是落實靈魂契約背後的功課。此處的落實究竟是什麼意思？其實，在靈魂層次落實某件事以及改變表面上的習慣，兩者大不相同。你要徹底落實你的領悟，就得在靈魂層次啟動轉變。這沒辦法作弊。蒐集資訊，與實際瞭解資訊、落實資訊、瞭解它如何影響你的生活，這是兩回事。

我們來看強尼的例子。強尼進行靈魂系統工作有一陣子了。他發現每次他覺得智力受到挑戰，便會忍不住大吃特吃；他知道自己建立了好幾份靈魂契約，以保護自己不受「我不聰明」的種子思想所苦。他也察覺到這些靈魂契約逼迫他學習的功課，是看重自己及自己的智力。他只知道功課的內容，仍做不到深信不疑。

進行靈魂工作的時候，強尼剔除了他平時會大啖的食物，從穀物（麵包、義大利麵、蘇打餅乾）到甜食，各種食物。他也決定暫時不出門用餐。在旁人眼中，或許會覺得強尼已經學會駕馭靈魂功課，因為他不再縱情飲食。但問題是，他唯一沒大開吃戒的原因是，他閃避了誘惑。

這是正確的一步，如果強尼真的落實他的功課，他便能應付暴食的欲望，而當他遇到激發他暴食的欲望的食物時，也比較能夠輕鬆地克制自己。也就是說，強尼改變了習慣，但是還沒駕馭靈魂契約。

以此例來說，強尼沒有著手展開他必須下的功夫。他在改變習慣之後便停下腳步，沒接著做實踐的步驟。多數人會先設法改變習慣；當新的行為習慣成為自然，便開始落實靈魂的功課。改變習慣是功課的一部分，但是那不等於落實功課。

另外，我聽一個人說的話，就知道他們是否真的實踐了靈魂功課。當我聽到：「我成功了，丹妮爾！我實踐靈魂的功課了，我大功告成了。只不過還有某件事，讓我很不好受……」我就知道這個人並非真的實踐了靈魂功課。如果你持續體驗到與課題相關的恐懼或負面情緒，就還沒有真的落實靈魂功課。

當你對你的靈魂功課融會貫通，你就不會對自己怎麼能說出心聲、變得獨立、很能照顧自己、事業成功……不論因為落實領悟而做到什麼事情，而感到愧疚。你會瞭解並與自己的光芒看齊。你終將明白凡是符合你至高至善的福祉的事物，也會符合別人至高至善的福祉，不論是否一開始便一目瞭然。

最後，要判斷你是否真的落實了障礙背後的功課，最顯而易見的辦法是檢視你的生活。你的生活變了嗎？你朋友的行為變了嗎？或是有人說你的行為改變了？你收入增加了嗎？你在一步步實現你追求多年的目標嗎？宇宙需要一些時間重新安排，讓你身邊的事物符合你新的振動頻率，到時你自己心裡會有數。持續尋找你的成功經驗，以此評估你目前努力的成果。

練習　尋找你的成功經驗

當你覺得自己已全面落實靈魂功課，並且清除了對應的靈魂契約，便到了開始尋找成功經驗的時刻。這是你努力得到的成果。一開始，出現在生活中的轉變微乎其微。你的任務是找出這些轉變。

例如，如果你的種子思想和靈魂契約，讓你做事很難貫徹始終，就留意你現在完成了什麼小事或家務事。如果你的種子思想和靈魂約，讓你很難為自己發聲，即使你說出口的是最小聲的不要，你也要留意。

你的轉變或許是不再購買最廉價的品牌，也可能是在雜貨店結帳時不允許別人插隊，全都有可能。每個細微的成功都是在替較大的成功開道。別哄騙自己，以為走到落實領悟的步驟就會海闊天空，或靈魂契約就會消失殆盡。你必須讓改變成為日常生活的一環。

你注意到的每個微小的成功都要做筆記。多數人覺得最方便的做法是隨身攜帶記者使用的那種小筆記本，你也可以用筆記應用程式。記錄你的成功有兩個目的：

第一，萬一你哪天陷入低潮，覺得自己原地踏步，看到個人成果的文字紀錄很能鼓舞士氣。

第二，你會從筆記裡看出令人極為振奮的趨勢。

每次的成功都帶給你更多的力量，讓你更相信自己，可以做得更多。你所累積的全部力量將伴隨你，繼續邁向駕馭靈魂系統的路。

第9章

整頓你的靈魂——步驟四：駕馭你的靈魂

等你從大大小小的成功時刻體驗到足夠的清明，自然就開始邁向駕馭階段。當你不再嚴密監控與靈魂契約或種子思想相關的行為，自然就曉得自己抵達了駕馭階段。基本上，此時的狀況大概會輕鬆一些。

進入駕馭步驟是什麼滋味？請謹記在心，抵達這一步並不意謂著你「大功告成」。別忘了，你本來就不曾千瘡百孔。來到這個步驟代表你已經度過最艱難的幾個階段，現在開始看到成果。進入駕馭階段的人，觀點多半是流動的。他們對自己以及自己如何安身立命的看法，十之八九正在轉變。他們變得比較少批判自己，也會改善自己以前停滯不前的生活領域。即使日子沒有變得輕鬆，但是至少日常生活的感覺，已不可同日而語。

進行駕馭步驟的人，彷彿置身在情緒的海嘯中。但騷亂是由新舊做法、思想、行為、反應，互相碰撞而引發的。實際上就是過去與未來在當下聚合，協助你開創新的局面。但是新局沒那麼容易建立。即使締造舊習慣的靈魂層次能量已經被釋放，但是舊習慣可能難以撼動。你在這個階段要割捨昔日的自己，喜歡升級版的自己。這不表示你和昔日的自己一刀兩斷，你感謝昔日的自己讓你學會這一切。我們都知道，人生的每一段關係都蘊含著教誨。現在你可以自由擁抱萬丈光芒的自己了。

當你持續成長、記錄自己的成功，你也會注意到以前生活中的重要事物消失了。而你終於抵達駕馭階段以後，多數人的生活與剛展開靈魂工作的時候，已經截然不同。乍看之下，或許很恐怖，然而這其實是好事一樁。

我的客戶莉莎處理的靈魂契約是，委屈自己接受差強人意的事物、不替自己發聲、不相信自己可以什麼都不做就接受別人的寵愛。

當她好不容易走到駕馭階段，她對我說：「我不敢相信自己覺得多麼彆扭。一切都變了。我隨時都可以坦白說出自己真正的心聲。當我終於允許自己看見自己的本色，我好激動。而我只是單純地跟自己相處。我沒有四處忙著解決所有事情，也沒有試圖說服每個人都按照我的方法做事。我可以為世界貢獻很多！可是情緒的浪潮來襲時，我就被淹沒了，我得重新振作起來，提醒自己我是誰。我不敢相信自己可以做這樣的人！我不敢相信這真的是我！」

但是你體驗到的這種改變，也常造成衝突。例如，如果你的內在變了，外在勢必隨之轉變。你的環境會變。你的人際關係、工作、感情生活——全都可能被攪動（而且天翻地覆），端視你下了什麼功夫來重新發掘個人光彩。

所以很多人不願意走得這麼深入。想到當你總算認清自己的本色以後，生活可能全面改觀，那是很駭人的。你會在各個層次得到報償，但是在情緒上、靈性上、能量上、心智上、肉體上，想到自己可能失去的一切，的確很可怕。

別因為恐懼而怯步。把力氣用在剝除那一層又一層侵蝕你生命的黑暗與陰影。你是在發掘自己的神性，被你長年累月棄之不顧的個人光彩。下功夫抵達駕馭階段，將會讓你有生以來第一次愛上自己。

駕馭成功的關鍵

既然進入這個階段，你要盡可能地取得各種支援、資訊、指引、協助，以確保自己馬到成功。認識迴光返照的現象對你有益。後續我們也會討論如何避免在日後建立更多的靈魂契約，與在蛻變期間如何改變你的支援網絡。

迴光返照與現實

當你內在的轉變反映在你的周遭事物上時，你會體驗到迴光返照的現象。迴光返照是靈魂層次工作最惱人的部分；你可能因此前功盡棄。迴光返照，是對你處理了一陣子的根源信念系統進行回顧。一個大課題的小回顧。

當你察覺自己說出：「我『還以為』我已經精通這項功課了，我怎麼又碰上同樣的老問題？」你便曉得自己遇上迴光返照了。

進行駕馭階段的功課時，根源信念系統的能量仍未消散乾淨。一些殘餘的能量依舊在你的能量場內振動。但是因為你已經下了許多苦工，也因為你親眼見證了生命領域內的轉變，你的新挑戰只是舊課題的迴光返照。記住，如果你還沒有體驗到小型的成功與改變，而靈魂契約和種子思想發作時的狀態也與往日無異，那麼你遇到的就不是迴光返照；你仍在處理原有的議題。這也表示你還沒準備好進入這個階段。

迴光返照只在你體驗到正向轉變之後才會出現。這種小挑戰從能量層次提示你已有長足的進步。你已經培養出處理這些挑戰的手腕，學會背後的教誨，因此迴光返照讓你保持戒慎。善用這些提示，持續扭轉你的能量，持續釋放那一份靈魂契約的殘餘能量及觸發因子。

我告訴客戶，遇到迴光返照的事件應該要振奮。迴光返照的用意不是要逼退你，不是要你把以前的能量再召回生命中；迴光返照是砥礪你抗拒的意志，在生命中創造更多的成功。迴光返照並不像你原本的挑戰那麼棘手，原因有二。

一，你已經處理過相關的課題，因此你知道如何解決又冒出頭的功課；
二，迴光返照只是一種提醒。

儘管如此，迴光返照的能量可能會困住你。假如你在迴光返照發生時陷入恐懼模式，擔憂昔日的障礙又捲土重來，而不停下來管理這些能量，你可能會覺得自己又回到了原點。大部分人遇到迴光返照時會想重拾舊日障礙的戲碼。不要走回頭路，提醒自己，只有在你將根源信念系統駕馭得差不多的時候，迴光返照才會出現。

遇到迴光反照的時候可別退縮。務必瞭解你為何在自己努力改善的領域被輕輕地推了一把。例如，你對維護新升級的能量是否有些鬆懈？然後把你會的各種方法搬出來用。該召喚指導靈嗎？做任何決定之前應該先清理能量場嗎？迴光返照可以幫助你晉升到下一個層次，但前提是，你不能被迴光返照擊垮。

停止建立契約

在駕馭階段，大家常擔心自己會建立更多的靈魂契約。當你開始以比較清晰的目光體驗人生，也會落入這個處境。但別怕。現在你知道靈魂契約的運作方式，因此謹守幾條簡單的原則，一點都不必擔心會再訂立新契約。我們來溫習一下：

①記住，無論如何，指導靈都會給你肉眼看不見、卻極其強大的支援。與其只憑一己之力決定如何解決一場危機，不如請求指導靈團隊給你資訊、指引、協助。祂們樂於伸出援手！

②情緒激動時不要做決定。當你感到悲傷、愧疚、沮喪、傷心、懊惱、抓狂、挫折、一心想報仇、害怕或其他的負面情緒，你的振動頻率便會降低。振動頻率低時，就比較連結不到直觀的靈感和直覺，更別提指導靈了。在這種情況下，你做的決定就不是以所有關係人至高至善的福祉為依歸，只是為了平

息負面的情緒。在你採取行動之前抽出一段時間，以你學習到的方法讓自己恢復鎮靜、滌清思緒。

③你在前文看過，種子思想是你將情緒埋在靈魂內所創造的。隨時隨地承認自己的感受，給予處理，不要試圖埋藏。身為人類並不是要我們忽略或減輕負面的感受，而是要發掘那些感受背後的功課。情緒是在通報你應該學習的功課。因為你還沒學會，現在心裡才會不舒服。當你相信自己的神性，看見自己的本色，瞭解自己的光的力量，那麼任何人的言語或行為，都不能傷害你一根汗毛。

只要遵守這三條簡單的原則，就能幫助你在今生揭露、並駕馭你的舊靈魂契約、功課、種子思想，而不建立有待破解的新契約。這關乎保持腦筋清楚及腳踏實地，在情緒喪失平衡時能夠自覺，然後採取適當的行動。既然你懂這些能量運作的方式，以及它們存在的原因，你已經領先大部分人幾光年了。這是很可喜可賀的事！

能量灌輸

進行駕馭步驟期間，還有一個能助你一臂之力的練習。簡單的能量灌輸能幫助你感覺比較輕盈，維持較高的振動頻率，帶給你完成靈魂工作的力量。在靈魂工作的過程中，你的能量場外觀會有點像瑞士起司。在你釋放某些能量之後，就留下了洞洞，洞洞會被任何漂流而過的能量填滿。進行能量的灌輸工作，就能在洞洞填滿有助益的能量，幫助你達成發掘內在光彩的目標。

練習　能量灌輸練習

一、準備好場地

先按照前文那些練習的方式準備場地。找一個私密、恬靜的空間，這個空間必須能讓你完全放心、放鬆。

二、召喚指導靈

再次召喚你的指導靈團隊，或單純地讓自己的心靜下來。

三、敞開你的能量

這個步驟的用意是為你的指導靈打開一個開口，讓祂們為你注入高頻的能量。

首先想像你頭上方三吋左右的地方有一隻閉上的眼睛，眼睛朝下。觀想這隻眼睛輕輕地睜開，直到它望著你的頭部。如果觀想不出來，請回到兒童模式。只要運用想像力，就能順利完成這個步驟。

四、注入

接著，請指導靈團隊將百分百聖光灌進這隻眼睛，然後流進你的頭、頸、肩、手臂、全身，直到腳趾。想像聖光填滿你的全身（能量體、肉體、情緒體、靈性體、心智體），並將釋放靈魂契約與種子思想能量之後，所遺留的缺口都補滿。當你充滿聖光，想著你要納入生活中的情緒與能量。想著成功、自由、平靜，以及任何你想要的項目。你的指導靈會將你每觀想的一個情緒的能量融入聖光，進而填滿你。

別擔心遺漏了哪個情緒或能量。指導靈很清楚應該拿什麼來填滿你。假如你遺漏了什麼，祂們照樣會支援你，為你填滿最適當的能量。但是務必只為自己注入正向的能量。與其使用「我再也不要害怕了」這類的負面句子，請改用「我要感受到安全、受到保護」的正面描述。不論你以正面或負面的說法聲明你的欲望，欲望都會以你使用的詞語實現。小心你的用語！

例如，宣示「我再也不要孤單一人了」，只會帶給你更多的孤單；改說「我要沉浸在幸福的愛情中」，會為你吸引那樣的感情。持續這個步驟，直到你在想像中看見自己全身充滿了燦爛明亮的美麗聖光。

五、完成

當你覺得自己完全填滿了光（一直滿到你的頭頂），請向指導靈道謝。請祂們停止將能量注入你的身體。很多人覺得那個畫面就像你頭頂上的水龍頭被關上。一旦能量停止注入，請花一點時間封住頭上的空間，想像那雙眼睛輕鬆、平順地閉上。然後靜靜地坐上幾分鐘，適應你和你的指導靈剛才做出的改變。

完成這項練習之後，你會覺得愉快、正向、疲倦（舒服的那種），同時莫名的有精神。既然你和你的指導靈為你填滿了聖光，你的一舉一動將會符合這些極為正向的能量。想做這項練習就儘管做。你愈常清理能量，愈要為自己灌輸正向、高頻的能量，來幫助自己清爽自在，發掘自己的光芒，並駕馭靈魂契約。

調整你的支援設定

另一個確保自己旗開得勝的方法是認清自己周遭的環境。你的周遭環境在每個層次上都適合你嗎？進入駕馭階段一段時日之後，周遭環境必然會出現異動，以配合你能量上的轉變。既然你得到嶄新的自信、教人振奮的獨當一面能力，或任何你因為進入駕馭階段而培養出的能力，你的工作、伴侶、朋友、飲食，可能都不再適合你。這個階段的人常會不假思索就做出劇烈的改變，因為生活中有些陳舊的部分不再適合他們了。

我很多客戶在經歷這個過程之後，醒悟到自己不願再維持原有的人際關係，他們終於擁有締造這項改變的能力、力量及自信。我也看過很多人因此換了工作，有時還是一時興起！不論你處理什麼樣的根源信念系統，你的任何轉變多少都會影響到日常生活。

例如，你常向一群朋友埋怨自己生意失敗，你可能會發現自己不想再跟他們打交道了；或是你對那群朋友講的話變正面了。無論如何，當你真的實踐、並駕馭自己正在學習的課題，你對這群朋友的觀感便會轉變。

進入這個步驟面臨的最大變化，通常出現在支援系統。或許以前你的支援系統會聽你埋怨各種障礙。或許你支援系統裡的某人，總是試圖解決你的問題。或許你幫助過支援系統裡的每個人，但是要你反過來接受他們的幫助，你會渾身不自在。當你釋放個人能量場中那些沉重、稠密的能量，與這些能量共振的人，要嘛隨之離去，要嘛反抗你的轉變。

即使處境不舒服，我們仍然安於自己知道的事物。所以許多早該分手的伴侶選擇繼續廝守。即使感情不睦，這段感情卻是他們熟悉的事物。你的支援網絡也一樣。當你的言行變了樣，許多支援網絡中的人會在下意識反抗。他們會想方設法試圖讓你恢復昔日的言行，即使不健康，他們也情願你重拾他們習慣的老樣子。事實上，你和他們的關係愈不健康，他們愈會強力反抗你的新行為模式。

除了阻撓你改變的人，你可能會想請某些人離開你的人生。進入駕馭階段的人，通常認為擁有堅強的支援系統，是成功最重要的條件。為了相信自己能達成某個目標、得到某份工作、或在生活中增加一段新感情，你會希望身邊的人都能全心全意地支持你。現在你需要優秀的後援系統，你要如何判斷誰能信賴，誰又不適任呢？

練習　支援網絡圈圈圖

圈圈圖是評估你目前的人際關係、檢視一個人是否可靠的完美工具。擁有支援網絡是靈魂契約工作的要件之一。此刻，或許你會說：「可是我的生活圈很小！」這不是支援網絡的重點。重點是檢視你的生活中有哪些人物，釐清他們應該扮演的角色，將無法支持你升級能量的人移到比較不重要的空間，挪出能夠容納新的人物或某種振動頻率的空間。

圈圈圖會讓你以嶄新的目光，認清什麼才能真正支持你擁抱駕馭階段。

製作你的圈圈圖樣板

先拿一張空白的紙。橫放。用原子筆（別用鉛筆，鉛筆會提高你自我審查的可能性）在紙張中央點一個圓點。畫好圓點之後，以圓點為中心，畫出六個同心圓，最後一個圓圈幾乎和紙張一樣大。每個圈圈之間的空隙盡量均等。有的人覺得從最外圈開始畫比較順手，依序畫出較小的內圈，直到最後中央的圓點。

如下頁的圖，在紙上每一個圈圈依序標示以下的標題：

中間點：我（你自己）
第一圈：靈魂伴侶
第二圈：靈魂摯友
第三圈：好友
第四圈：朋友
第五圈：認識的人
第六圈：真空地帶

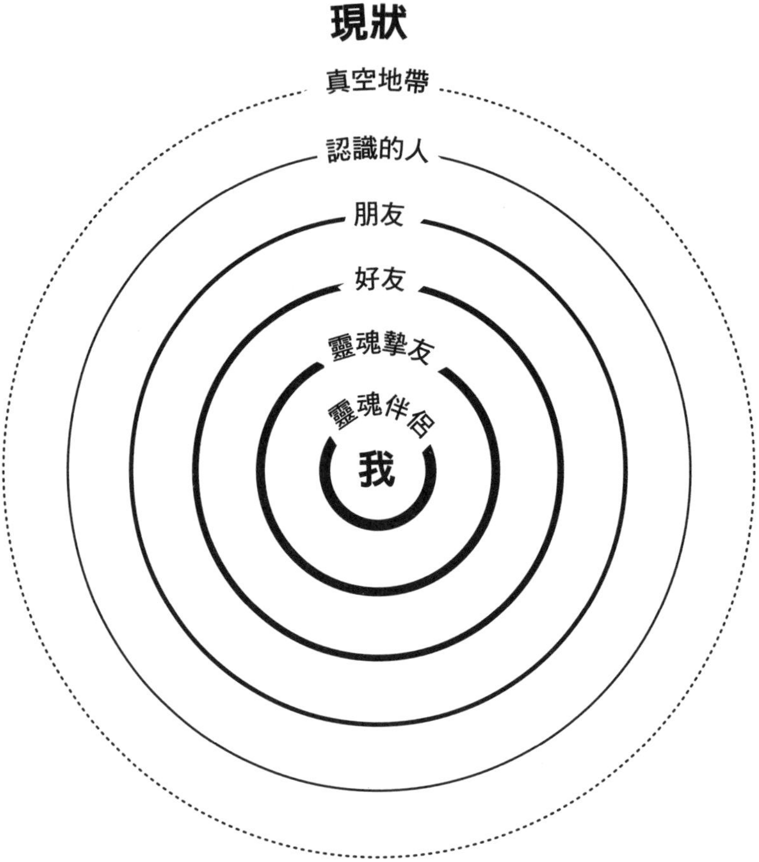

[圖四] 卷圖圖

現在，再多畫兩張圈圈圖，所以一共有三張一樣的圈圈圖。在第一張圈圈圖的頂端寫下：「現狀」。

現狀圈圈圖

你要將你的朋友、家人、熟人等等填進現狀圈圈圖。填進圖表中的對象只限人類（不含寵物），而且必須在世。別寫你付錢請進生命的人（例如療癒師）。花一點時間填寫。你只要在圈圈旁邊寫下那個人的名字。

用原子筆寫可以避免你頻頻更改答案，只管寫下你對每個人的第一反應即可。判斷每個人目前在你生活中的位置應該輕而易舉。你清楚你有什麼事時會找什麼人。

這部分的練習應該花你五到十五分鐘。如果超過十五分鐘，你就太嚴肅了。起身走一走，做點會讓你哈哈笑的事，然後回來完成這個步驟。

當你把想到的人都填進圖表之後，就把圈圈圖放在一邊，進入下一張圖。

實際情況圈圈圖

在接下來的部分，我們要稍微改變作法。在現狀圈圈圖中，你使用我訂立的標籤。在實際情況圈圈圖中，你要依據我對每個標籤的定義填寫。你要重新檢視現狀圈圈圖中的同一批人。

中間點　我

這永遠不會變。你的圈圈圖永遠是你，不論你填寫的是哪一張。

第一圈　靈魂伴侶

這是丈夫、妻子、人生伴侶、靈魂伴侶專屬的空間，也是你一生的摯愛。填進這個圈圈的人，必須是你目前心裡認定的感情伴侶。（目前沒有情侶的人這一欄就空白。）因為這是感情伴侶的圈圈，這個人必須是能夠挑動你情欲的人。你應該能放心地讓這個人比別人更深入地瞭解你，你也應該能自在地向他們尋求援助。有資格進入這個圈圈的人，應該已經跟你親密到不能再更親密。

別因為你丈夫是你的伴侶，就把他填進這個圈圈。如果你跟這個人的情感其實並不親密，如果你跟朋友聊你無法告訴這個人的事，如果這個人貶抑你或讓你情緒低落，如果你在考慮跟這個人分道揚鑣，就別寫下他的名字。或許你已經與你的伴侶廝守三十年，如果你們的關係觸礁了，或者你不向他們展露真實的自己，那麼他們就不該填進這個內層的圈圈。

新定義　第二圈——靈魂摯友

多數人只有一位靈魂摯友。這位朋友和你的關係幾乎和你的靈魂伴侶一樣親密，只是你們的關係不涉及性欲。這個人會因為你半夜三點打電話去哭訴而衝到你家，而且時鐘連看都不會看一眼。這個人是最支持你的人，同時可以直視你的眼睛，說你的想法爛透了。

新定義　第三圈——好友

交遊廣闊者可能有兩、三位好友。如果你的交遊不廣闊，這可能是你第一層級的朋友。好友對你幾乎無所不知。如果你需要援助、需要別人支持你的決定，即使他們不瞭解你在做什麼，他們也會伸出援手。或許你不會向這個人吐露你最深沉、最黑暗的恐懼，但是這個人相當清楚你的恐懼。這是你可以仰賴的人。你們感情融洽。

新定義　第四圈——朋友

朋友是跟你一塊吃晚餐或在週末一起看電影的人。朋友是你能自在地傳簡訊、打電話、一起消磨時間的人。你和這個人相處愉快；你們對彼此都很瞭解，但是對彼此生活的認識不是鉅細靡遺的。多數人在人生中的朋友數量比較多，因為這種人際關係比較不容易受傷，風險較小，這是建立在共同興趣上的愉快陪伴關係。

新定義 **第五圈——認識的人**

認識的人通常就是你去上班、上健身房，或者任何你常去的地方會見到的人。認識的人知道你已婚、且有小孩，或知道你做哪一行。當他們問：「你好嗎？」你通常會回答：「我很好，謝謝關心。」認識的人是你不會時常傳簡訊或電子郵件的人。你不會關心他們在生活中遇到的事，即使你湊巧知道細節。

新定義 **第六圈——真空地帶**

不再參與你人生的那些人，就該放在這個美麗的能量空間。通常漸行漸遠的朋友也屬於這一區。如果你沒有讓前夫與前妻繼續參與你生活的理由，他們也會落在這個區塊。你可能會把某些人流放到這一區，也有些人永遠無法超越這個圈圈。別把這個圈圈視為懲誡區。我們是在考查自己的人際界線，請將真空地帶視為維護你安全、安心、被愛的空間，因為真空地帶協助你訂立良好的界線。

現在你知道我對每個圈圈的定義，或許你想要修訂現狀圈圈圖。請儘管修改吧！這正是實際情況圈圈圖的用意。但是在你一頭栽進之前，以下幾個訣竅會讓你下一步執行起來更順利、精確。

首先，你大概注意到了，現狀圈圈圖中許多人所在的位置，是依據你認為他們具備多少與你深交的潛力而決定的，並非實際情況。當你依據你與每個人的真實互動，檢視每個人的實際行為之後，決定給他們什麼位置。請特別留意，我看過許多人做這項練習的時候，發現以為是靈魂摯友的人，實際上並沒有扮演靈魂摯友的角色。

此外，很多人的感情關係是依據自己的「期望」來擺放，沒有理會日常相處的實際細節。例如，我在課堂上教導圈圈圖時，通常至少會有一位學員將男友放在最內圈。她真的真的很希望他們的感情能夠更上一層樓。但是那不表示她的願望符合實際的情況。

實際情況圈圈圖的重點是，依據每個人與你的日常關係，認清每個人在你生活中的位置，而不是依據你多年來對他們的看法。一個人在你的交際圈中的位置，並不是取決於婚姻、相識的時間長度、這些年來相處得多麼愉快，或是你「要」他們落在哪一圈。一切應以實際情況為準。

別擔心自己怎麼修改了圈圈圖，你八成會改很多次。修改很好，這些異動會帶給你一些答案！這部分的練習所需要的時間通常比前一個步驟久。給自己十五到二十分鐘完成修訂。

現在我們該來瞧瞧你的成果了。這兩張圈圈圖記載了妙用無窮的資訊！你大概注意到了，你的現狀圈圈圖與實際情況圈圈圖之間極可能有落差。這是因為很多人沒有花時間思考我們的支援系統。一段人際關係剛開始不久，我們便會決定對方大概會落在哪一圈，然後我們便此如對待那個人。不論我們是否將那個人安置在正確的圈圈中，不論情況是否隨時間而改變，我們都照當初的判斷對待那個人。

很多人都沒有意識到人際關係異動的頻率有多高。你的朋友克麗絲汀可能正在辦離婚；喬可能要退休了。這些事都會影響朋友與你往來的能力。請依據朋友的能耐搬移他們在圈圈圖中的位置，不只健康，更是明智。

比較兩張圖。多數人都會把圈圈圖中的人往外圍移動，但是也有很多人害怕受到傷害。他們和每個人都保持距離。我見過很多女性不假思索地將丈夫放在靈魂伴侶的圈圈，卻醒悟到他其實應該擺在朋友圈。仔細觀察你原本將每個人安置在哪裡，而當你開始製作實際情況圈圈圖之後，他們又移到哪裡去。

很多人輕易地把別人填進內圈那些極為重要的位置，只因為他們以為理應如此。你真的希望把那些人填在內層的圈圈嗎？你相信最核心那幾圈的人，會扶持你、陪伴你走過駕馭靈魂契約的歷程，那些充滿高低起伏、許多的苦工，並且耐心提供給你美好的洞見嗎？

當你揪出一份重大的靈魂契約，你會希望自己可以安然自在地打電話給他們。他們能接受你對他們說的話嗎？他們會不會認為你瘋了？你和他們相處時，是否必須控管自己的言行？或許你的實際情況圈圈圖需要進一步調整。挪移位置的時候不要內疚，因為你絕對配得上最佳的支援系統。進行靈魂契約工作和僅僅只是活著，就很艱難了。為什麼不幫自己奠定成功的基礎呢？

調整圖表的時候，想像自己經歷了各種不同的情境。想像每個人會如何反應。你要懂得分辨，你期望他們怎辦回應（或他們在最佳狀態下會如何反應）是一回事，他們昨天／今天怎麼回應你又是另一回事。多花點時間檢視這兩張圖，掌握你支援網絡的真實情況。

當我提醒不能填寫過世的親友或寵物，惱怒了不少人，但是他們誤會支援網絡的意義了。我們每個人都會得到過世的親人、指導靈與天使、寵物的協助。但是人類熱愛社交，我們也需要仰賴其他人類。如果你獨來獨往，你的圈圈圖上只有一、兩個人，這些人必然極為特別，才能贏得一席之地。

留意完全空白或只有零星幾個名字的圈圈。很多人沒有靈魂伴侶，因此這個圈圈必須空著。大多數人發現靈魂摯友的圈圈，只有一位朋友符合本書的定義。擁有平衡的人際網絡圖表，並不是指在每個圈圈都填寫很多個名字。而是圈圈內的每個名字背後的相處品質。

空白的圈圈也說出了你的故事。你在朋友圈填了很多人，但是靠近內層的圈圈沒有半個人？這可能表示你不喜歡讓別人進入你的生活。也許你不喜歡脆弱的感覺，或許你曾經允許別人進入心田卻受到傷害。每個圈圈都說出了你的生命故事、你對尋求支援的自在程度、你如何面對朋友、你的人際界線。給自己一點時間來發掘自己的故事。你害怕親密嗎？你是否邀請別人進入你的生活，即使你們的關係只照顧到他們的需求？你把別人關在心房外嗎？這兩張圖能讓你看清實際情況。

當你完成最後的調整，便能開始製作開創性圈圈圖。

開創性圈圈圖

將實際情況圈圈圖放在一邊，取出第三張紙。寫上「開創性」。開創性這三個字，表示你希望支援網絡如何支持你。在這張圈圈圖中，你要實際運用你從這項練習的前兩個步驟中，所發掘的個人實際情況。你已經知道目前的支援網絡如何運作；現在，你要決定自己想在人際網絡中創造什麼。你要為自己打造終極的支援系統。

在這張圖表中，填進你完全信得過的人。你知道自己要哪一個人繼續留在你的人生中，而且你心中毫無疑慮。將每個名字填進適當的圈圈，即使那不是他們在實際情況該待的位置。例如，如果你的朋友貝絲察覺你出了狀況，主動伸出援手，或許你會考慮將她移到比較內層的圈圈。如果貝絲展現成為好友的能力，但是你的恐懼（或其他負面情緒）阻礙你培養這段友誼，將她移到圖表上新的位置。

另一方面，根據你比較前兩張圖的心得，你本來寄予厚望的人可能必須移到另一個圈圈。沒有關係，這麼做不會傷害任何人的。你沒有惡意，你沒有遺棄任何人，這不是自私。你只是在評估身邊的人，釐清自己與他們的真實關係，以及這段關係的潛力。不要因為喬長得很帥，就將他移到靈魂摯友的圈圈。如果喬沒有展現他配得上那個圈圈的實力，就不能將他放在那裡。這不是一廂情願的圖表。這張圖表不是在標示我們對別人的期望，而代表他們在我們生活中實際扮演的角色。

當你重新安排好開創性圖表上的圈圈，便該找出空白的部分。你在尋找友情的平衡點，所以要知道當你進行靈魂契約工作的時候可以放心地仰賴誰，也要辨識哪裡還有容納新面孔進入你的生命的餘裕。當你進行靈魂契約工作、做出那些深層的改變，你會發現你想要新面孔加入你的人生。你想要能夠接受你的新振動頻率（並受其吸引），以及充滿前景的朋友。

因此，花點時間尋找這些空間。將每個空白視為開放一個人來跟你玩耍的邀約。僅僅只是辨識出這些空白，並確認你希望適當的人選開始填滿這些空白，你便已經向宇宙發送出一則美麗的溫情訊息。

如果哪個圈圈空無一人或你想要填補某個空間，請以虛線畫一個圓圈來表示你希望填補它。因為這是創造性的圈圈圖，表示你要實現自己寫在這張紙上的內容，而你也應該在紙上註明虛線代表的意義。這會更清晰地向宇宙傳遞你的訊息。注意，請不要寫：「我希望有一位非常風趣、高挑、願意花錢在我身上的金髮女友。」你要以文字表明你希望與這位新來的人擁有什麼關係。宇宙一向都會完成你交辦的事務，自然而然會填補空白。

當你擁有一個平衡、運作良好的支援網絡，靈魂工作絕對會變得比較簡單。留意我用的字眼是比較簡單而不是簡單。靈魂契約工作並不簡單，這個部分你已經親身見證了，如果你有和善的環境，甚至有一位真心關懷你的知心朋友或伴侶，可以支持你的成長、轉變、蛻變，那麼你在這個歷程便不會那麼孤單。

延續圈圈圖的成功

宇宙現在開始為你出力。你製作好的圖表會發揮願景版或顯化清單的作用。其實怎麼稱呼它都無妨，重點是要對自己寫在圈圈圖上的內容真心滿意，如果你的支援網絡能符合你繪製的圈圈圖，你將會有意外的驚喜。

白水晶能夠幫助你稍微放大訊息的音量。只需要準備一顆白水晶（別用粉晶），放置在創造性圈圈圖的中央，它如同一座無線電發射塔，向宇宙廣播你寫在紙上的內容。白水晶能提振你創造平衡的力量！你是在請支援系統及宇宙，助你一臂之力！

現在你瞭解了，駕馭的重點在於持續尋找平衡點。當你依靠支援網絡的扶助，就要明白個人行為的後果，並持續留意你的根源信念系統，你會持續超越昔日的自己。你生活中的變化及下苦工的成果，將會讓你以及你身邊的人驚訝不已。

你將逐步改善對自己的觀感，釋放埋藏已久的隱匿能量，現在終於可以開始創造出你追求的生活。

駕馭自如

恭喜你！現在你幾乎已經調整了整個靈魂系統。儘管過程看似複雜，靈魂工作的精髓就在於，你以前拒絕關注的那一部分自我，就是這一部分引發了所有的阻礙與挑戰！現在你可以放心地相信自己是完美、完整、充滿光芒的存在。

隨時隨地維持光芒的振動頻率或許很難，但是你會發現，自己愈是擁抱這些能量，愈能連結你的完美。或許你將本書的各個步驟反反覆覆地做了幾回，從各種角度處理種子思想與靈魂契約；也許你一下子就駕馭了各種障礙。無論你經歷了什麼歷程，都要讚許自己進行最深層次的靈魂工作。多數人對這種事都避之唯恐不及。

你抵達了靈魂系統工作的振奮時刻：最終步驟。現在，你應該會用嶄新的眼光看待自己了。你學會在失足的時候放過自己。你沉浸在目前為止所發掘的靈魂之美當中。嘿，好戲還在後頭呢！你終於準備好從身體、靈魂、靈魂系統，釋放這些能量。這是何等的大禮！現在，我們就要進入最值回票價的階段囉：釋放負能量，中止靈魂契約。

第10章

整頓你的靈魂——

步驟五：釋放負能量，中止靈魂契約

你已經知道簽下一份靈魂契約，一共有兩個階段。首先，你將一則種子思想和幾種混亂情緒植入你的靈魂。然後你簽下一份靈魂契約來避免自己經歷到種子思想以及負能量。你也學習到為了中止靈魂契約，你必須駕馭靈魂功課，並釋放種子思想及混亂情緒。

此外，你已完成靈魂系統工作的前四個步驟：打造你的靈魂地基、啟動你的覺知（上）、啟動你的覺知（下）、落實靈魂功課。你開始在生活中體驗到巨大的轉變，從你看待自己的眼光、到周遭環境的品質，統統不可同日而語。本章，你會從自己下過的苦工收割更多的報償。你會學習到如何從你的靈魂系統去釋放這些能量——多麼教人振奮！

你已知道單單是辨識出一個種子思想或靈魂契約是無法脫身的。但是你下過的苦工，已讓你準備好釋放這兩種能量。進入這個步驟的時候，務必確認你瞭解自己的種子思想及靈魂契約如何影響你。當你回顧你在生活中創造出來的變化，你要做的是肯定自己的成績。

種子思想所蘊含的振動不斷地散發特定的共振頻率。你的肉體必須順應那個頻率，才能容納種子思想的能量。當你進行釋放步驟的時候，你便擾動了這些負能量，因此你的肉體必須重新調適。

在釋放過程結束之後，我很多客戶都在無意間減輕體重，或者比較常活動身體，變得更健康。他們本能地想要起身、活動、去釋放肉體，像是：運動或健身。有一位客戶經營遛狗生意，只因為她喜歡出門散步，也喜歡動物。我也看過有人戒了菸、剪誇張髮型、做浣腸水療之類的重大改變。執行這個步驟的時候，記住多多留意自己的身體，以及情緒、能量的變化。

你準備好釋放種子思想了嗎？種子思想埋藏在靈魂的深處，現在開始釋放吧，這個過程將涉及你的能量場及肉體。

釋放種子思想

種子思想將靈魂契約錨定在你身上。釋放了種子思想，靈魂契約便會更容易中止。現在你終於可以比較客觀地看待昔日的經驗，你也不斷地地努力落實種子思想背後的功課，於是將種子思想連結到靈魂契約的能量便鬆動了。

在你創造種子的初期，你將那些種子的能量深深埋進靈魂裡。在這個步驟，想像靈魂位於你的核心裡。每一個準備好被釋放的種子思想，都會在你肉體的能量場浮現。這項釋放工具就像古早年代的園遊會的打地鼠遊戲，地鼠會從板子裡探出頭，你就用橡膠槌打它；每一個種子思想會經由推擠、戳探、穿刺、磨蹭的過程，從你肉體的能量場鑽出來。如果你現在看不懂這一段內容也不要擔心，到後面你自然會明白。

在說明這個方法之前，我要先談談疾病的主題。常有人問我某某人罹患癌症或生病，是不是靈魂契約造成的，我的答案一律是：有可能。我當然見過因為簽下靈魂契約而生病的客戶。但是不代表所有的疾病都是靈魂契約的傑作。我曾因為一份路障契約而生病了四年多，非常能夠體會疾病是極其強大的動機來源！

有些人的種子能量確實就出現在疾病的患部。例如，某個人有許多個「不配被愛」的種子思想，這些能量可能就會聚集在肉體的心臟部位。這時，肉體的問題與種子思想顯然夾纏不清。但是也有很多種子思想壓根兒沒有對應到特定的不適，或許是你還要經歷好一段歷程，才能看出當中的關連。

既然我們要移除的種子能量可能已顯化為實際的病痛，你便可以利用肉體的病徵（比如：時常流鼻涕或膝蓋有問題）來判斷。另外，沒有病痛也能運用這項練習，你不必用理智去明白，為何混亂情緒出現在某個身體部位，有時答案會昭然若揭。你必須仰賴直覺和想像力，畢竟不是人人都有與種子思想相關的肉體症狀。或許你會找到儲存在肉體的能量，或許找不到。

練習 釋放種子思想

一、準備場地

選一個舒適的私密空間，以便在不受干擾下完成這項練習。

二、召喚你的指導靈團隊

召喚你的指導靈，或單純地坐著，靜下心來。

三、設定你的意圖

接著設定一個簡單的意圖。你進行這項練習是為了釋放將靈魂契約錨定在身上的能量。設定意圖是讓指導靈清楚瞭解你需求的絕佳方式，而且你不用潛越，也不必鉅細靡遺地交代祂們該做什麼（沒人喜歡那樣）。請想像你和指導靈、天使或你最喜愛的宗教人物說話。讓祂們知道你希望這項練習符合你至高至善的福祉。並且聲明你正在處理「什麼靈魂契約」，你要釋放相關的種子能量。以下是一則意圖祈願文的簡單範文：

我的意圖是今天與指導靈合作，我們的工作將符合所有關係人至高至善的福祉。我誠心所願，確實如此。

請用你自己的話擬訂你的祈願文。在此提供一則範例供參。

四、召集要釋放的能量

當你靜下心、連結指導靈、設定好意圖之後，花一些時間想一想你經歷的那些障礙。想一想與靈魂契約相關的種子思想與情緒。這應該不難，畢竟你已經花了許多時間想這些事情。花一些時間蘊釀你對那些障礙的情緒。允許自己感受憤怒、傷痛、恐懼，不要冷眼旁觀。

在這項練習中，感受是釋放的主要模式。放手去害怕、去擔憂，無論如何要讓這些能量浮現出來。必要的話，暴跳如雷也沒關係。別對自己說：「哇，這個情況氣死我了。」一進入你的憤怒，真實地感受憤怒。如果你在這個步驟沒有體驗到負面情緒，你就太置身事外了。

別活在說別人的故事，你要融入故事。感受它、活出它、呼吸它。停留在這個步驟，直到你體驗到你創造出來的負面情緒，以及因為障礙而衍生的情緒。唯有做到這個程度，你才準備好進入下一個步驟。

五、尋找種子思想的位置

當你再次體驗到這些種子思想創造的憤怒、傷心、痛苦、悲傷、羞窘，觀察身體是否起了反應。當你想到自己的障礙，心跳是否加速？胃部不適？你是否開始搔耳朵？當你思及障礙，判別身體哪些部位甦醒過來。或許你會注意到兩、三個部位，這都無妨。只要留意即可。

假如身體沒有任何部位出現反應，就運用你的想像力，啟動你的小朋友模式。假裝你在向一位小朋友說明你在做什麼。你會用哪個身體部位來解釋這個障礙？你選擇哪個身體部位都無妨，只管挑一個你幻想中的那位小聽眾最能理解的部位。這就是你現在要處理的部位。待會兒冒出來的東西或許會讓你嚇一跳。

如果不只一個部位出現反應，就選擇反應最強烈的。如果感覺都不太強烈，就挑最感覺最鮮明的那一個。對許多人來說，找出身體阻滯的部位是嶄新的體驗，但是這不防礙你取得精準的資訊。不要分析哪個部位「應該要」痛苦，允許自己被引導過去。記住，假如你真的不知從何下手，切換成小朋友思維就行了。當你卸下框架，允許自己想像一件東西（或用大腦平空捏造），指導靈便能奉送上你需要的資訊。因此，你不是真的無中生有，即使你這麼認為。你的指導靈也會為你指出正確的方向。

六、認識你攀附的種子思想

專注在你選定的身體部位的能量。想像這股能量的外觀長什麼樣子？感覺刺刺的嗎？發紫了嗎？覺得熱？冷？即使你覺得自己在捏造事實，照做就對了。檢視這股能量，只有發生在這個部位嗎？還是擴散到別處了？這股能量讓你想起某個味道或氣味嗎？令人作嘔嗎？上面是否黏黏滑滑的或者沾到機油？

當你刻意讓種子思想冒出頭來，用幾分鐘觀察浮現的能量。別擔心什麼才妥當，或它「應該」長什麼樣子或感覺。這都不重要。重要的是，你允許自己放下所有的矜持，運用你的想像力辨識體內這股能量。務必留意能量的邊界。這股能量的邊界是模糊糊？還是清清楚楚？它有明確的形狀嗎？還是難以界定？當你可以清晰、輕鬆地描述這股能量的樣貌，你便準備好進入下一步驟。

七、請求指導靈協助

現在你該尋求能量的援助了。在這個步驟，你的目標是將這項任務託付給指導靈，請祂們拔除連結到你靈魂的種子能量。你已經知道這股能量的外觀及觸感，因此這個步驟易如反掌，只要你維持玩耍的心情。你將這份工作交給指導靈，因為祂們比你更瞭解情況。

你受制於人類的身體，你的自尊和經歷都受到個人觀點的侷限。但是指導靈看到的是大局。祂們是萬能的，具備你望塵莫及的智慧。將掌控權交託給指導靈，也代表你願意信任較高層次的力量。很多人試圖包辦一切，不管是能量、肉體、情緒、心智、靈性。他們忘了指導靈樂於出手相助。在這個步驟，我們就要練習這麼做。

將工作交託給指導靈時，只要告訴祂們：「指導靈，現在要仰賴祢們移除我準備好釋放的種子思想能量。」在這個過程中，指導靈只是暫時代勞。祂們挑大樑，而你處於背景。這並不意味你的角色不重要，也絕不代表你在狀況外或沒有掌控局面。請記住保持玩耍、童稚的能量，否則會妨礙指導靈完成工作。當祂們開始從你的身體抽出種子能量，留意祂們在做什麼。

請在腦海想像整個過程。看不到畫面的話就運用想像力，可以打開直覺能力，也能讓你更容易想像祂們的工作實況。你甚至可以想像自己在向別人描述釋放的過程。或許你會在腦海裡說：「指導靈們帶著能量的大鏟子進來，鏟起藏在我肚臍下發黑的能量。」接受透過想像力浮現在腦海的一切。別批判它。事實上，或許你會想要哈哈笑。好好讚嘆這一切吧！

當你看著指導靈移除能量，還有一件待辦事項：垃圾。當你不再與種子能量有任何瓜葛（指導靈已從你的身體完全移除），將它歸還到它該去的地方是一種敬意，而且相當重要。想像所有移除的種子能量都被最高形式的愛與光融化。或許是你看著黑暗的能量從你的身體被拉出來。也許它發出閃光，變成一團光，或像一顆正在溶化的冰塊或電腦繪圖。這是你的過程，因此敞開心胸，想像任何想得到的畫面。

一旦能量融入光中，想像你的指導靈將能量引導回它該去的地方。部分能量可能會回到你身上；部分可能會歸還給另一個人或不同的地方。這些化解掉的能量去了哪裡並不影響這個過程。別擔心清理是否夠深入或者完全見效。此時，你的任務是要求指導靈化解那股能量，將它送到該去的地方。否則那股沉重的負能量會留存在你釋放它的房間，暗中等著攀附其他的低頻振動。難道你不要清理它、將它送回它該去的地方嗎？

這時，你充滿自信。你允許指導靈釋放這些埋藏在你體內的能量。同時，你大概也覺得在腦子裡捏造這些東西很蠢。如果你覺得彆扭，這通常是因為你做得很棒的緣故！多數人在做的時候會尷尬，總覺得自己在腦子裡編造這些東西。連我也不例外！

當你的想像力說，指導靈已把祂們能移除的種子能量都清理乾淨了，你就完成了這個步驟。這項能量清理直接呼應你對靈魂契約及種子思想下過的功夫。你需要試上幾回，才能徹底釋放全部的能量。也有可能必須回頭處理根源信念系統的不同層面。你要處理哪些身體部位、下多少心血、釋放多少能量，都取決於你。

人類擅長隱藏情緒，如果你在身體不同的部位處理同一個根源信念系統，不用訝異。當初你可是拚了命地找出那堆特別的隱密部位，來藏匿種子能量！現在你也要一樣拚命來揭發、拔除它們。

八、檢視工作成果

你即將大功告成。現在該檢視工作成果了。在你起身之前，深呼吸幾次，留意自己的感覺。如果能量埋藏在胸部，你吸氣或吐氣時的感覺如何？如果是在腹部，你是否發現它移動了？第一次檢視時，或許不太察覺得到差異；但是多做幾遍之後，當你聚焦在需要指導靈關照的部位，你會發現肉體出現意料之外的變化。這個區域的感覺會不太一樣。也許是比較清爽、範圍擴大了、變得比較乾淨或比較明亮。身體任何細微的變化都表示，你已締造一些美好的轉變。

還有，留意你的情緒。即使這項練習沒有直接處理你的感覺，埋藏在你內在的能量直接牽動你的情緒。在身體清理工作完成之後，你會覺得比較輕盈、比較充滿希望。也有人會說覺得身體四周（或他們指導靈處理的身體部位的四周）空間變大、變自在了。在身體清理工作告一段落的時候，務必檢視肉體及情緒的狀態。這些都能協助你理解自己的成果，與日後要進行的能量工作。

九、填滿光

在釋放過程的尾聲，請指導靈為你的身體注滿最高頻的光。釋放種子思想能量，會在你的能量場留下能量缺口。與其坐視任何能量流進來填滿缺口，不如請指導靈為你注滿最美的光，你會感覺舒爽許多。

請回顧第九章的灌輸技巧。你開啟一隻位於頭頂上方的大眼睛，請指導靈用百分百聖光填滿你。現在也一樣。專注在維持那隻眼睛的輕鬆開啟，直到你感覺、察覺、相信自己完全充滿聖光，肉體每個部分都填滿了光。

十、感謝你的指導靈

最後，在測試過自己的狀態之後，向指導靈道謝。祂們喜歡你以任何形式表達的謝意。還有，祂們等著幫你從肉體及能量體移除這些能量，大概已經等了很多年、甚至幾輩子了。因此，當你為此說幾句話，祂們會很開心。

完成身體清理練習之後，你可能會覺得心情比較舒暢，直覺更敏銳，身體也比較靈活。如果你的肉體症狀在幾天後復發，就代表你應該回頭重做身體的清理工作。此外，你也需要持續操練落實的步驟。

靈魂的黑暗沼澤

當你走過這段歷程，經過了運用能量工具、鬆動舊能量、以中性的觀點看待人生、從靈魂層次敞開自己，你可能會有一段時間覺得風雲變色。你可能覺得失常或感到空前的不安。事實上，你甚至覺得自己退步了。這是因為，為了釋放你的種子思想，你拉出了積年累月、甚至幾生幾世，埋藏在你內在的能量。這些情緒和能量在剛剛出現的時候，由於分量太多、太強烈、太艱難，以致於你吃不消；現在你投入其中，就得重新經歷這些情緒和能量，說不定這是你生平第一次體驗那種滋味。

這一部分的過程以及大家的經歷總是令我驚奇。大部分的人會遭遇他們建立種子思想時，埋進靈魂內的混亂情緒，只是情緒的強度較弱。

我記得一位從三到六歲，都遭到父母性侵及虐待的客戶，終於在釋放種子思想時觸及了那些回憶。

「我只想被愛！我只想要有人抱抱我！我好孤單！」她無法自制地啜泣著。她的聲音很高，我立刻觀想到她是一個綁辮子的金髮小女孩，站在房間門口，內心徹底絕望。她很快地便醒悟到，這一時的不快其實是在釋放那些種子思想及衍生的混亂情緒。她不是從客觀的角度向我訴說她的童年情景；她總算允許自己體驗童年的經歷。

這麼一來，她便從肉體、情緒、心智、能量，釋放糾纏她多年的種子能量。

我將這一部分過程稱為「靈魂的黑暗沼澤」。這可能持續幾天或更久。我經歷過幾次黑暗沼澤，好不容易才挖到長久隱匿的能量和種子。有一次，黑暗沼澤期長達一個月！那時，我很抗拒去揪出埋藏得那麼深的舊能量。

你的歷程或許會比我的短很多。一切端看你是否進行靈魂層次工作的經驗、你有多認真進行這項工作，以及你能在那麼深層的地方撐多久。如果你試圖匆匆地跑完流程以避免覺得不適，或許你會在無意間阻斷自己進行靈魂層次的深度工作，以致於只達成淺層的習慣改變。允許一切順其自然轉變，對你最好。

置身在黑暗沼澤並不愉快，所以很多人不願深入挖掘。這沒有捷徑。黑暗沼澤讓你有時間融會貫通靈魂功課，適應你正在進行的改變。我的客戶凱西，她的父母從她幼年開始就在情感上遺棄她。結果，她在靈魂內創造了「我不夠好」和「沒有人會愛我」的種子思想，她簽下了靈魂契約，認為她必須控制人生的每件事，以證明自己的價值。這為她帶來了飛黃騰達的事業，但是她卻無法體驗脆弱。當她進入黑暗沼澤期（持續了約十天），她問我：「丹妮爾，下一個步驟是什麼？」

這個問題她問了一遍又一遍。她在尋求能夠攀附的東西，試圖重拾自己控制局面的感覺。對凱西來說，黑暗沼澤讓她學習不掌控一切也可以很安全。她那十天都覺得自己在向下墜，沒有能抓住的東西。這只是一個黑暗沼澤的例子；你的情況可能截然不同。

當你開始質疑自己是誰，不確定下一步怎麼做，平時能安撫你的事物也全部失靈，你便抵達了黑暗沼澤。黑暗沼澤時期非常不舒服，實際上卻是美好的境界。或許你在釋放失落感或無價值感。或許你鎮日哭泣。我知道這種不適似乎是退步的跡象，然而你其實在朝著正確方向前進。你總算開始探索、並體驗你準備釋放的那些感覺。不要為此而害怕，擁抱這個過程吧！你其實是在探尋自我，深深地開挖，掏出你之前根本無法觸及的能量。

中止靈魂契約

你已經鑽研過靈魂功課，開始釋放位於靈魂契約核心的種子思想，你已經準備好學習釋放靈魂契約的技巧。幸好，因為你已釋放了種子思想的能量，中止契約會容易很多。如果你沒先釋放種子思想就試圖鮮中止靈魂契約，你的生活只會有表面變化，也就是只是勉強自己改變行為。而你已經完成了必要的工作有，所以現在的回報就是終於可以移除靈魂契約造成的障礙。這項改變會讓你的身體及靈魂，都暢快無比！釋放種子思想是在情緒、肉體、能量層次上工作。中止靈魂契約，則聚焦在能量層次。

當你在靈魂層次工作，就要動用阿卡西紀錄。阿卡西紀錄是一個能量空間，你（生生世世）的每一條思緒、感受、情緒、經歷、感覺都儲存在這裡。儘管那不是物質層次上的地方，我鼓勵各位將阿卡西紀錄想成一個擺滿卷宗的大足球場，每個卷宗內都存放著，你某一世某一段經歷的某些層面資料。這些檔案也儲存所有你隱藏起來的每一絲痛苦、每一種混亂情緒、每一個種子思想，以及每一份你建立過的靈魂契約。

靈魂非常機伶。祂知道阿卡西紀錄的資料絕對不會錯。如果你的阿卡西紀錄裡有一筆資料說：「得到愛唯一的方法是犧牲自己。」你的靈魂便會奉行不渝。所以，才會有來自好幾世的許多契約，影響你這一世的人生。這條陳舊的資訊在驅動你的行為、操控你的決定，你卻毫不知情。通常阿卡西紀錄的運作方式，倒是比較直接了當。阿卡西紀錄是一種架構，你可以安排要學習的課題，以便促使自己往開悟前進；但是你也可以修改紀錄的內容。你大概在多生累世以來，改寫過阿卡西紀錄很多遍了。倒不是說你一定要順從靈魂契約的慫恿，不能做出不同的決定。我們都有自由意志。但是你很難反抗靈魂契約的力量，因為你的信念系統、支援的能量以及其他要素，統統在驅策你對靈魂契約言聽計從。

在這項靈魂層次的清理練習中，你要從阿卡西紀錄的內容開始排解問題。實際進入阿卡西紀錄或做任何決定的人，都不是你。你的指導靈會代勞。這是要避免你傷害自己，你可能會受不了誘惑，檢視起阿卡西紀錄、移除全部的負面內容，而不理解那些內容存在的原因。那可就不妙了！這項練習也幫助你感覺、並運用指導靈，以及宇宙無條件地提供給你的慈愛支援。當你將修改阿卡西紀錄的責任，交託給祂們，祂們會照應你的。

執行釋放技術時，請遵循全部的步驟。效果最宏大的做法是設定好能量、召喚指導靈團隊、將釋放工作交託給指導靈團隊，每個步驟都請妥善執行。

練習 靈魂契約釋放

一、準備場地

關於執行的場地，最重要的條件是必須給你安全、私密的感覺。讓自己舒服一點，務必確認進行這項練習時不會有人來打擾你。

二、召喚指導靈

召喚你的指導靈團隊，讓祂們知道你需要什麼。

現在，你應該很擅長這個步驟了！

三、召喚你的阿卡西紀錄團隊

你的每一位指導靈都各司其職。有些指導靈從你受精開始就為你服務。祂們協助你的日常事務。你也有專案指導靈，祂們協助你學習某一項特定的功課或達成特定的目標。（例如，有一個指導靈團隊在協助我撰寫這本書）要完成這個過程，召喚你的指導靈團隊中，專門從事靈魂層次的工作小組，效果特別好。這個小組就是你的阿卡西紀錄團隊。現在你可以徵召你全部的指導靈團隊，包括你的阿卡西紀錄團隊。你可能希望動用所有的指導靈，但是我發現多數人在進行這種工作的時候，喜歡召喚專門的團隊。

每個人都有一支阿卡西紀錄團隊。根據我的經驗，多數人的團隊是由三位指導靈構成；但是我見過有十位指導靈，也見過只有一位指導靈的團隊。如果你的團隊不符合一般情況也別氣餒；這只是參考資料。

還有，當你召喚阿卡西紀錄團隊，你是否能看見、聽見、感覺到、察覺到祂們，並不重要。唯一要緊的是你提出祈願。要召喚阿卡西團隊，你可以簡單說出召喚祈願，諸如：「**我現在召喚我的阿卡西團隊協助我今天的工作。**」召喚你的阿卡西團隊不只啟動祂們的能量，同時也設定了你要在靈魂層次工作的意圖，這也是這項工具最重要的層面！

四、設定意圖

現在，想想你要在這項練習達成的目標。你新發現的被靈魂契約牽絆住的能量，而你要釋放這些能量。設定意圖是向指導靈表明，你要祂們做什麼的最佳方式，同時不潛越你的個人分際，變成指示祂們做事的方法。設定意圖時，想像你在和指導靈或天使直接說話。如果你喜歡釋放種子思想練習的意圖祈願文，你可以套用相同的概念。你可以說：

我的意圖是在今天與符合百分百聖光的指導靈合作，我們的工作將符合所有關係人至高至善的福祉。這是我誠心所願，確實如此。

你也可以擬定屬於你自己的祈願文。

五、連結光

為了確保你在情緒上、能量上、心智上、靈性上，盡量處於最佳狀態，你需要擴展各個能量體，才比較容易連結到你的直覺與天生的神性。首先想像自己站著，手臂放在身體的兩側或就這樣站著。想像你的能量是一個閃亮的美麗銀色光柱。光柱包圍你的身體，比你高出許多。現在運用你的呼吸，開始向身體的四面八方擴展這根光柱。每次呼氣，都想像光柱愈來愈寬。想像你覺得四周的空間愈來愈大。透過呼氣，讓光柱擴展到占據你四面八方五十呎的範圍。光柱伸展到你背後，腳底也要。如果你遺漏這些部位，你可能會覺得站不穩。

擴展你自然的光柱能協助指導靈釋放能量。原理如下：想像你有兩個杯子。一個是八盎司的杯子，另一個是十六盎司的杯子。兩個杯子裡各有二十顆彈珠。你的任務是一次從杯中掏出一顆彈珠。大杯子裡的彈珠會比較容易取出，對嗎？環繞你身體的光柱也一樣。擴展能量能給你充滿力量與強韌的感覺，而擁有較寬廣的能量場，可以幫助你的指導靈汲取需要釋放的能量。如果你覺得渺小無力，執行的成效就會不同。因此擴展你的光柱！但是沒必要超過五十呎的範圍。有些人三兩下便能擴展光柱，有的人可能需要一點時間。別擔心。只要把光柱擴展到五十呎就是了。

六、宣讀靈魂層次清理祈願文

以強而有力的聲音宣讀這份清理祈願的效果最佳。這是讓你的指導靈知道你真的想要釋放這些能量！我這裡的祈願文僅供參考。如果想寫自己的版本，請放手去寫，也歡迎以我的版本充當範文。只要確認你提到了相同的重點，並且明確地將清理事宜交託給指導靈。朗聲唸出以下的祈願：

我現在意識清醒地釋放不再適合我的全部混亂情緒、靈魂契約、種子思想。包括，我的靈魂及指導靈知道我總算準備好釋放的一切。

在此請花一些時間和你的指導靈談談你的情況、你在處理的能量、你希望祂們照看的地方。記住，你無法選擇要釋放什麼，但是你可以讓指導靈知道，你認為自己準備好了。

請釋放所有在肉體上、情緒上、心智上、靈性上衍生的依附，並清理我的阿卡西紀錄、意識及無意識，協助將我的振動頻率校正到與我最高的潛力一致。

當這些能量從我的各層次拔除，請輕柔地為我注入以下的能量：

現在，再花一點時間想想自己希望在生活中擁有的情緒與感受。只以正向的用語聲明這些情緒。只用平靜、興奮之類的單純用詞。想像這些能量從你的頭頂進入你的身體。

謝謝、謝謝、謝謝。

靈性依附，是你因為靈魂契約而揹負的額外能量。進行這項清理工作的時候，你要盡量給指導靈施展身手的空間，以便清得深層一點；所以，這份清理祈願文才會使用這樣的措辭。記住，別試圖顯化特定的事物。如果你把細節交給指導靈處理，成效會好很多！

七、將自己填滿光

清理的手續結束時，請指導靈在你的體內注滿最高頻的光很重要。釋放靈魂契約能量，會在你的能量場留下能量缺口。（還記得打地鼠嗎？）如果你請指導靈為你注滿最美麗的光，會讓剛剛完成的清理的你舒服得多。多運用前文教過的相同技巧。當你感受到、察覺到、知道自己已完全填滿了光，記得關閉頭上的那隻眼睛。

八、感謝指導靈

最後，好好的感謝指導靈鼎力為你完成這項工作。

沒有人能預料你按照本書的方法所付出的努力，將會如何翻轉你的人生。你會經歷一些明顯的變化，這些在你的意料之中，但是你也會遇到出乎意料的異動。保持心胸開放，持續尋找小小的成功事例。如果你持續為自己的進步讚揚自己，你會敞開心胸去體驗更豐富的人間生命，以自己的本色活出更精彩的人生。

清理技術的副作用

清理技術會有一些副作用。那倒不是壞事，只是你需要知道這些情況。當你完成這項練習，在隨後的三到十天請留意自己的狀態。大部分的靈魂契約需要三到十天才能釋放完畢。這是因為能量不會立刻從體內統統湧出，身體必須經歷漸漸放鬆的過程，好讓這些能量慢慢地、一點一滴地離開你。此外，大部分人的身體承受不了瞬間完成清理，肉體必須維持一定的密度，才能承載你的靈魂及全部的靈魂契約。當你釋放這些能量，你的肉體也需要調適，多數時候，這表示身體密度下降了。

此外，在誦讀清理祈願文、到唸完幾分鐘後，很多人會出現這些症狀：

手、頭、腳、軀幹等部位有嗡嗡響的感覺

手、頭、腳等部位發熱

冒汗

身體變冷

感覺到室內有冷風或暖風

覺得自己似乎變高了

覺得脖子似乎變長了

室內似乎變亮了

肩膀變輕（像卸下重量）

呼吸較為順暢

手腫

覺得快樂或充滿希望

視覺似乎變清晰

鼻子的一側或雙側通了

胸部有壓迫感

胸部的壓迫感消失了

心悸

這份副作用清單很長，但是未必會發生。你也可能毫無感覺。或許你會注意或察覺其他副作用。清理時，肉體的感受與效果優劣無關。如果你無感，只表示你在潛意識選擇不要感受或察覺到能量釋放。或許是一份靈魂契約造成的，也可能另有原因。無論如何，沒感覺不代表清理無效；只代表你選擇以這種方式度過釋放。

成功的祕訣

在清理工作之後的三到十天，你可以做幾件事來輔助清理，讓過程平順一點：

- 飲用充足的水。每一公斤的體重，每天需要五十六至六十毫升的水。所以體重四十五公斤的人，每天要飲用一千七百到二千毫升的水，直到清理期間結束。記住水就是流動，釋放就是要能順暢流動！
- 對自己要溫柔。有時候你可能會察覺到情緒激動或容易沮喪，而且感覺來得莫名其妙。你只要記住自己是在釋放埋藏的舊能量。這段日子會比較辛苦，別把自己逼得太緊。
- 做做平時不會做的趣事。別只窩在家裡說：「我在淨化。」然後著魔似地緊盯著自己的一言一行以及所有的感覺。欲速則不達！去玩耍吧、開心地笑、與朋友消磨時間、嘗試新事物，都能讓你處於正向的心理狀態，讓釋放更平順、輕鬆。

- 別擔心自己在釋放什麼東西。我們往往很愛貼標籤和創造故事。與其跟朋友詳談你全部的歷程、你正在駕馭及釋放的各種靈魂契約，不如做些有益身心的事。你可以嘗試寫作、冥想，甚至坐雲霄飛車。老是記掛同一件，諸如：希望我已經清掉了貧窮的靈魂契約，或我討厭貧窮的靈魂契約。這麼做只會讓那份契約的能量持續在你內在存活，以致於無法釋放。

在清理期間，或許你會稍微有些情緒化或煩躁。日常生活可能比較心煩意亂。你可能也會想要增加或減少獨處的時間。這段歷程因人而異。不論你選擇怎麼做，盡量別想著只要捱過這段期間，一切便恢復正常。如果你遵循這些步驟，清理將會增強你駕馭根源信念系統的欲望。也就是說，你絕對不會回歸昔日的常態，也不會故態復萌。你的老樣子是在靈魂契約的能量引導下建立的。

既然你釋放了那些能量，那些靈魂契約便不會再慫恿你採取某些行為。你可能反而覺得彆扭。好像不知道自己是誰，或覺得失衡。當那種陌生、中性的感覺洋溢你整個人（通常在清理工作之後的三到十天），你就知道清理完成了。你終於準備好開始尋找你的成功時刻。

進入釋放步驟是很教人興奮的。自由的感覺無與倫比：你會一併發現自己內在的光芒。當你領悟到自己並非千瘡百孔的那一天，那將是你今生最重要的盛事之一。這是你已學會至少一個靈魂功課的徵兆。你現在準備好向前進，進入人類體驗的下一個層次。恭喜你走了這麼遠！這條路並不容易，但是你的靈魂在沿途上為你撒下指路的麵包屑（以根源信念系統以及種子思想的形式），讓你能夠找到路。請記得向你的靈魂說聲謝謝！

你花了時間認識靈魂系統，瞭解靈魂系統如何在漫漫歲月裡暗中影響你。（很多人活了一輩子都不曉得有這回事！）然後你進行靈魂層次的深度工作，篩除那些負面影響，將其降到最低。你從中得到了什麼？一個你隨時隨地都能親炙的美麗、燦爛的靈魂系統。現在，當你嘗試獨木舟、公共演說之類的新事物，你都能直接連結到自己的神性自我，而神性自我會讓你看見自己光芒的本色。

大量的自愛伴隨這個最後階段而來。有些人會陶醉其中，恨不得立刻開始處理其他的根源信念系統。儘管志氣可嘉，但是讓自己喘口氣吧！花點時間讓自己甦醒，為自己的本色感到興奮。給自己幾週時間、甚至幾個月的時間，以你的新振動頻率和別人互動。對自己的工作保持沉穩自信，留意現在你綻放出多少內在力量。

物質顯化所需的時間比情緒的轉變要久一點。因此，如果你希望以愛情、新工作或任何事物，填滿生命中仍然留白的空間，請給宇宙回應的時間。記住，靈魂工作不能讓你在瞬間諸事圓滿。重點其實在於靈魂層次的深度改變，這種改變首先反映在你的能量上，然後反映在你的情緒與信念上，最後才反映到外界。放輕鬆，靜觀你的世界開始轉變。然後運用你的光芒，回頭繼續發掘更多的自我！

謝詞

首先，沒有我先生凱文的支持，我絕對寫不出這本書。你讓我有勇氣去尋找自我，並且向全世界大方展現自己。

沒有我閃亮的小星星柯爾的支持，我也寫不出這本書。柯爾，你不害怕做自己。我很感恩自己能參與你這麼特別的人生。我天天從你身上學到新事物。

從我們相識的那一天起，約翰・何藍（John Holland）就是我的頭號支持者。謝謝你教導我該怎麼做。你的指引、愛、善良對我意義重大。

潘（Pam），沒有比妳更值得我信賴的人。每一天，妳都情義相挺，幫助我，讓我留在正軌上，提醒我那些我不該忘記的事。我好感恩妳來到我的生命！

謝謝妳，辛蒂・馬廷利（Cindy Mattingly），承蒙妳多方照顧。我愛妳，感恩我們共處的時時刻刻。謝謝妳總是給我良好的建言！

莫妮卡（Monika），謝謝妳做我的摯友，在我需要的時候聽我說話，並且閱讀我的初稿！謝謝。

凱莉（Kerri），謝謝妳給我穩定的依靠，並且提醒我要自我解嘲。

媽媽，妳是了不起的老師。我每天都可以從妳身上學習。謝謝。

貝拉、凱爾索、梅寶、達希爾、吉娃娃赫蘇：你們真是高強的指引者、老師，即使在我滿心抗拒這世界的時候，你們依然循循善誘，謝謝你們。

畢（Bee），謝謝你看見我的本色、接納我。我們的友情給我豐富的收穫，我很感恩。

鮑伯，非常感謝你協助我釐清自己在說什麼！謝謝你的線性思考及溫情支持。

凱西・列文（Cathy Levine），妳是最早冒險給我機會的人之一。謝謝！

安娜（Anna O.），儘管我的舉止全然不像妳平時的客戶，妳也沒放棄我，謝謝妳！謝謝妳體諒我，一切都必須做到感覺對了為止。

道格（Dougall）與大衛，你們是超棒的朋友兼支持者。我每天都感激你們來到我的生命！

巴伊梅（A. J. Baime），你讓我明白自己可以寫書。你的成就幫助我更上一層樓。謝謝你。

我還要謝謝以下的每一位朋友，他們以各自的方式相信我，讓我看見了自己可以堅強到什麼地步：

喬伊・科斯坦扎（Joy Costanza）、塔拉・荷頓（Tara Holden）、蘿拉・麥克高提（Laura McGourty）、莉・赫弗隆（Leigh Hefferon）、泰瑞・諾蘭（Terry Nolan）、約翰・布爾戈斯（John Burgos）、茱莉・斯托克布里奇（Julie Stockbridge）、柯蕾・鮑隆—瑞（Colette Baron-Reid）、黛比・卡爾德隆（Debbie Calderon）、蜜雪兒・布羅莎・莫斯里（Michelle Broussard Moseley）、辛蒂・庫比卡（Cindy Kubika）、蜜雪兒・斯凱勒斯基—博伊德（Michelle Skaletski-Boyd）、布魯斯・布察（Bruce Butcher）、南西・桑托皮特羅（Nancy Santopietro）、卡蘿・唐納修（Carol Donohoe）。

常見問題

我在本書當中、我的個人網站、我的臉書專頁、我的課堂裡，回答過以下的問題。在此，我為你列出最常見的靈魂契約問題！

為什麼稱為「靈魂契約」？

本書探討的靈魂契約能量比單純的壞習慣還強烈的能量。這種能量附著在你的最深層次，也就是靈魂層次。這也是一種有約束力的能量。一旦你沾染上這種能量，光是決定「夠了，我不要再跟這些能量糾纏不清！」是脫不了身的。你一定要走完學習過程，學會背後的靈魂功課，才有辦法解除靈魂契約。靈魂契約和法律契約一樣有約束效力。

這本《靈魂契約》和我在其他書籍提到的「靈魂契約」，有何差異？

很多人認為，「靈魂契約」是一個人與靈魂伴侶之間，具有約束力的協議。本書的「靈魂契約」也涉及你和其他人的契約，但是更重要的是，你向自己立下的靈魂契約。

靈魂契約是命定的嗎？

你的靈魂裁決了你今生要學習的靈魂功課，於是你簽下靈魂契約；但是，你在人生旅程中挑選什麼靈魂契約來協助自己學會這些功課，並不是命定的。靈魂契約，是依據你對個人的經歷與情緒的個人反應而簽訂。

如何避免簽下更多的靈魂契約？

簡單來說：專注在保持頭腦清晰、平靜、踏實。專注於維持內心的穩定。記得，在生活中召喚指導靈團隊，信任祂們、請祂們指引你。如果可以的話，別在情緒激動的時候做決定；這能幫助你在為個人至高至善的福祉做決定時，維持與直覺連線。我在「駕馭步驟」詳細討論過這個概念（請見第九章）。

有人是沒有靈魂契約的嗎？

靈魂契約，代表我們需要繼續磨練並提升靈性。駕馭了全部靈魂功課的人，自然不再有靈魂契約，也不再需要進化。也就是說，沒有靈魂契約的人已經完成全部的靈性功課，抵達了我們都在致力追求的開悟。這人不再需要回到人間。

我怎麼知道自己中止了靈魂契約或根源信念系統？

駕馭靈魂契約或根源信念系統的效果，會顯現在你的內在及外在環境。或許你會感覺比較自在、比較自信、比較快活、比較常說出心聲；你可能也會得到想要的工作、體驗到無條件的愛、找到你尋求已久的支援。中止契約關乎學習、駕馭，然後允許你的能量場轉變。當這些在你的內在發生，就會反映到外在世界。

是否雙方都要學會靈魂功課，才能化解一份靈魂契約？

你可以獨力駕馭自己與別人之間的靈魂契約，對方未必要一起。你是否完成個人的靈魂功課，並非取決於他們是否完成靈魂功課，反之亦然。詳見出生前靈魂契約的章節（本書的第二章）。

我們會與同一群靈魂在不同世簽下不同的契約嗎？

我們的靈魂是以靈魂小組的形式轉世。所以你在每一世，都會與同一批靈魂經歷人生。由於許多靈魂契約是出生前就訂立的協議，你會與同一批靈魂簽靈魂契約，但是契約本身的差異可能很大。如果你在這一生，沒有完成一份靈魂契約，這不表示你得在另一世與同一位夥伴簽相同的靈魂契約。出生前靈魂契約的目的是，協助你學習。如果一份協議在某一世沒有發揮作用，你的靈魂會設法以其他方式協助你，在另一世學習那一項功課。

我和我的寵物之間有靈魂契約嗎？

你與每一隻你接觸過的動物都有靈魂契約。更令人興奮的是，你與寵物之間的靈魂契約，會支援你正在處理的出生後靈魂契約！就好像天地萬物和每個人都密謀來幫助你，活出最精彩、最快活的人生。

我的靈魂契約如何影響周遭的人？

你大概已經察覺自己的靈魂契約和種子思想，影響了你的人際關係。例如，在一個永遠過度付出的人所建立的人際關係中，別人總會期待他們過度付出。我沒見過有誰的人際關係不是基於靈魂契約而形成的，而且持續受到靈魂契約的影響。

你終將明白，不論選擇朋友、情人乃至老闆，都會受到靈魂系統的引導。所以，擁有健康的靈魂系統至關重要。

當我處理靈魂契約，人際關係就會全面改觀嗎？

對，當你處理靈魂契約和種子思想，所有的人際關係都會改變。這不是因為你刻意改變人際關係，而是因為當你從新的角度面對自己與人生，你所有的人際關係都會隨之轉變。有些關係會決裂，有些會更加親密且深刻。以長遠來說，這一切的關係改變，都是為了符合你及所有關係人至高至善的福祉。

一個根源信念系統內，會不會不只一個種子思想？

會。種子思想經常三五成群地出現。例如，假設某人有「我不安全」或「不受支持」的種子思想，就可能有另一枚宣稱「我不值得」的種子。我們創造的種子思想是鋪天蓋地的！幸好，當你處理一個種子思想，通常會同時處理到根源信念系統的其他種子。

如何判斷是種子思想，還是靈魂契約在作怪？

其實你的困擾根源很容易分辨。種子思想，是你根深蒂固、深達靈魂層次的負面信念。靈魂契約，則是你為了避免體驗到那個信念而簽下的交易。如果你面對的能量是一種行動（「我必須當隱形人」或「我絕不能有話直說」），那就是靈魂契約。如果你辨識出來的能量是一個信念或想法（諸如：我很糟糕或我很失敗），那就是種子思想在挑戰你。

駕馭靈魂契約是什麼意思？

駕馭靈魂契約就是指，你融會貫通了種子思想，學會了相關的功課，繼而釋放種子、契約、根源信念系統。

靈魂契約中止之後，會怎樣？

中止靈魂契約與種子思想的人，會體驗到嶄新的生活。因為靈魂契約而覺得人生孤立無援、不被保護的人，在契約中止之後常會發現自己得到周遭的支援，大幅度增加了，生活更豐盛了。例如，可能你結交了朋友、找到真愛、收入提高、工作表現受到讚揚。靈魂工作帶來的成果因人而異，完全視一個人做了什麼靈魂功課而定。

靈魂契約中止之後，怎麼做才不必擔心歷史重演？

如果你擔心自己重蹈覆轍，你就還沒有真的中止靈魂契約。中止是指，一切都在你的掌控之中。不但要理解一項靈魂功課，還要了然於心，徹底落實。假如你已落實自己學會的全部功課，就不會害怕重複相同的挑戰，或犯下相同的錯。此外，如果你沒有按照新的模式行事，反而依循舊模式做決定，你也不會責怪自己。

當我對自己的靈魂契約束手無策，我該怎樣做才不會一直懷疑自己到底在幹嘛？

如果處理根源信念系統沒有明顯的進展，就該退後一步，檢視是什麼阻礙了你。或許你應該先處理另一個根源信念系統。信任自己、相信自己可以做出良好的決定、仰賴自己的直覺，這些都是可以下工夫的優良起點。一旦擺平了這個部分，就能繼續處理其他的議題。

萬一我搞錯了應該破除的靈魂契約，該怎麼辦？

根據靈魂契約的運作方式，你絕對不可能弄錯契約。這是保證絕不出錯的制度！靈魂契約是供你學習之用。請相信現在檯面上最令你苦惱的事情（靈魂契約障礙）之所以浮現出來，就是因為理解、駕馭、中止這些東西的時機已成熟。

靈魂契約會不會引發疾病？

有可能。這就是所謂的路障契約，但不是所有的病痛都是路障契約造成的。有些種子能量會直接顯化在相關的身體部位，但是絕大部分不會引發病痛。本書探討靈魂契約的章節，有深入的解釋（見本書第二章）。

一個挑戰有可能是由好幾份靈魂契約組成的嗎？

沒錯。克服挑戰涉及辨識出幾個根源信念系統。認出這些根源信念系統是靈魂契約工作的成功關鍵，但是未必要一口氣辨識出全部的契約，只要從你最招架不住，或者最負面的著手即可，其餘的自然會水到渠成。請信任你的指導靈團隊和宇宙，祂們會在適當的時機揭露每一份契約。

假如我放棄一份太艱鉅的靈魂契約，會怎樣嗎？

當你停止處理某一份靈魂契約或根源信念系統，這世界不會等你重拾處理的動機。其實，這些契約引發的挑戰不但會持續下去，還會愈演愈烈，直到你終於手舉白旗，回頭解決問題。

不處理靈魂契約的話，會怎樣？

我見過想認識自己的靈魂契約卻還沒準備好的人。我也見過只想處理表面問題的人。當然，我也見過很多完全不管靈魂契約的人；他們只想終止內心的痛苦。這些人的信念系統只會日益壯大，盤根錯結、更棘手。如果你漠視自己害怕坦露心聲的事實，情況只會愈鬧愈大，後果也漸趨嚴重，直到你終於面對自己害怕有話直說的恐懼。這不是懲罰，只是一個強烈的訊號。細微的訊號很容易被忽略，但是會在你的眼前閃閃爍爍、外加以大聲公強力放送訊息，你遲早會受不了，必須著手處理。

有沒有專門教導我如何快樂的靈魂契約？

有。你可能會簽下一份靈魂契約來協助自己明白你可以快樂、你值得快樂、快樂並不自私。有很多關於快樂的靈魂契約。

跟我簽下靈魂契約的人，相處起來會芒刺在背嗎？還是，也有可能如沐春風呢？

你對這個人的感受取決於你要從他們那裡學到什麼。假設你要學習的功課是堅守立場。那麼這個人或許會讓你面對必須為自己發聲的情況，或是為你示範如何建立明確的界限，以便讓你從觀察中學習。或許你會很欽佩朋友，思忖自己能不能學會像朋友那樣堅守自己的立場。這份合約不會以負面的形式在你們之間顯化，或許你仍然會感到不安。那種不自在的滋味，是你有所成長的徵兆。

有專門破除靈魂契約的儀式嗎？

有很多宣稱可以中止靈魂契約的儀式。諸如，將契約寫在羊皮紙上拿去焚毀。儀式有效的原因是，當事人已完成了所有情緒工作及能量工作，駕馭了所有相關的能量，然後才施行儀式。也就是說，儀式是終結一個課題時別具意義的里程碑，但是沒做內在工作的話，儀式終將無效。你必須駕馭靈魂功課。

我是否應該維繫不太健康的關係，來證明我的愛是無條件的？還是我應該割捨這段關係，來證明自己的價值？

駕馭靈魂契約是邁向至高至善福祉的路。刻意停留在不太健康的關係，來證明自己無條件的愛，代表你沒有無條件地愛自己。你沒有依據自己至高至善的福祉行事。當你為自己至高至善的福祉做出決定，也會符合所有人至高至善的福祉。此外，是靈魂契約讓你覺得自己必須證明什麼。當你發現這些靈魂契約背後的情緒與能量，你會明白自己不必向誰證明什麼。你是自己的光，無論如何你都是。

我需要知道自己在前世的身分，才能處理靈魂契約嗎？我需要先回顧前世，才做靈魂契約工作嗎？

儘管有些靈魂契約和種子思想是在前世簽下的，但是未必要回顧前世才能處理，即使你不相信前世照樣也能做靈魂工作。我們活在當下這一刻，所以我們從現在這一刻著手，處理目前的挑戰、種子思想、靈魂契約。

這本書可以讓我更瞭解我的人生使命嗎？

這個問題很熱門！答案是：有間接的助益，但是沒有直接的幫助。進行靈魂工作的目的是疏通能量，好讓你感受到清晰、能幹、舒適、完整、有價值、純淨、受到支援等等。釋放這些能量能夠提升你的自信，讓你更能依隨直覺的引導，實踐你存在於天地間的目標。

詞彙表

動物靈魂契約：動物靈魂契約和靈魂契約一樣，唯一的差異是，建立者是一個人類靈魂及一個動物靈魂，而非兩個人類靈魂。

路障契約：這種契約是靈魂在出生前就擬訂的應急計劃。假如你老是學不會某個靈魂功課，你就會在生活中遇到障礙，以引導你回頭完成你的靈魂功課。

混亂情緒：這是你將種子思想植入靈魂的時候，感受到的強烈負面情緒。這些情緒隨著你的種子思想嵌入靈魂內。所以在你成年之後，仍然會持續體驗到那些情緒，一直要到你完全釋放了這股負面情緒，才會消除。

指導靈團隊或支援團隊：祂們是在你生命中的每一天協助你的能量存有。祂們也稱為「指導靈」。

出生後靈魂契約：你在今生或前世訂立的契約。當你試圖掌控人生時，因為一個（或多個）種子思想激發你的負面反應，導致你簽下了出生後靈魂契約。

光明召喚術：光明召喚術是你大聲朗誦的重新設定文句，以便升級你的能量後盾，校準到光明的頻率。

小圍牆靈魂契約：一種很普遍的靈魂契約。有小圍牆的人排斥與人深交。然而，有小圍牆的人，大部分會幫忙需要援手的人，同時絕不讓任何人走進他們的內心。

前世及今生的靈魂契約：這些詞是用來表達出生後靈魂契約的締結（在今生或某一個前世）。

出生前：根據靈魂會從一世轉世到另一世的概念，這是指靈魂在兩世之間的狀態。出生前靈魂契約，就是在這個時候簽下的。

出生前靈魂契約：你的靈魂在兩世之間時訂立的靈魂契約。出生前靈魂契約是靈魂處於最高振動狀態下簽下的協議。

關係靈魂契約：一種出生前靈魂契約。兩位靈魂在出生前就協議好要幫助彼此學習各自的靈魂功課。

根源信念系統：根源信念系統是由種子思想及因而衍生的靈魂契約構成。一個靈魂系統中，可能有幾個不同的根源信念系統。本書的宗旨是教導你駕馭體內的組成元件，來清理你的根源信念系統。

種子思想：這是你對自己的一個原創想法（通常伴隨著名為「混亂情緒」的強烈負面情緒），你將這個想法植入你的靈魂，不去體驗它，並由它陪伴著你一起成長。

靈魂契約：靈魂契約是在你靈魂內的能量書籤，標示出靈魂需要學習的功課。要是你沒學會這項功課，或是學習陷入停滯，靈魂契約會在你的生活創造阻礙，諸如：害你始終無法成功、搗亂你的人際關係或健康。

靈魂功課：每個人在一生中都有幾個應該學會的靈魂功課。每次你學會一個靈魂功課，你就中止了種子思想及靈魂契約，朝著重拾你的萬丈光芒、找到生命的平衡點、得到真正的開悟，又踏出了一步。

靈魂目標：你來到今生所要做的事。不論你的靈魂目標是什麼，都會以某種方式協助你進化。

靈魂系統：靈魂系統的組成元件是靈魂、你與本源的連結及宇宙帶給你的保護、無條件的愛、你的觀點，以及你創造的所有根源信念系統。本書的內容基礎，就是為自己建立健康的靈魂系統。

恭喜你！

卸除了靈魂契約的根源，重拾內心的平靜與光彩。

HEART
心|視野　心視野系列 023

靈魂契約

SOUL CONTRACTS: Find Harmony and Unlock Your Brilliance

作　　者　丹妮爾・麥金農（Danielle MacKinnon）
譯　　者　謝佳真
總 編 輯　何玉美
選 書 人　陳秀娟
主　　編　陳秀娟
封面設計　銀河研究室
內文排版　許貴華

出版發行　采實文化事業股份有限公司
行銷企劃　陳佩宜・陳詩婷・陳苑如
業務發行　林詩富・張世明・吳淑華・林坤蓉・林踏欣
會計行政　王雅蕙・李韶婉
法律顧問　第一國際法律事務所　余淑杏律師
電子信箱　acme@acmebook.com.tw
采實粉絲團　http://www.facebook.com/acmebook

ISBN　978-986-95473-7-6
定　　價　350 元
初版一刷　2018 年 1 月
劃撥帳號　50148859
劃撥戶名　采實文化事業股份有限公司
104 台北市中山區建國北路二段 92 號 9 樓
電話：(02)2518-5198
傳真：(02)2518-2098

國家圖書館出版品預行編目資料

靈魂契約 / 丹妮爾 . 麥金農 (Danielle MacKinnon) 著 ; 謝佳真譯 . -- 初版 . -- 臺北市 : 采實文化 , 2018.01
面 ;　公分 . -- (心視野系列 ; 23)
譯自 : Soul contracts : find harmony and unlock your brilliance
ISBN 978-986-95473-7-6(平裝)

1. 通靈術 2. 靈修

296.1　　106020108

采實出版集團
ACME PUBLISHING GROUP